KB237437

중년의 사회학

차례

Contents

왜 중년세대에 주목하는가

"나이 마흔 넘어 세상을 산다는 건/석양 빛 붉은 울음을 제 뼛속마다 고이/개켜 넣은 거라고 그 누가 말했던가/···/밤새 안녕하였다는 눈인사를/저 스스로 묵묵히 건네며/나는 지금 살아가고 있을 것이다." 이것은 '58년생 개띠' 시인 이철승(48)이 그리고 있는 40대의 자화상이다. 그는 "나이 마흔이면 길 가에 침을 뱉어도 외롭다."는 한 마디로 40대의 고독을 명징하게 표현했다. 처량한 마음을 넥타이로 단단히 졸라매어 보아도, 길을 걷는 40대의 뒷모습은 허전하기만 하다. 그래도 40대에게는 아이가 있고, 부인이 있고, 무엇보다 아직 살아온 시간만큼의 내일이 남아 있기 때문에, 그들은 터벅터벅 앞으로 걸어갈 수밖에 없다.

지금까지 한국 사회에서 중년세대는 크게 주목받지 못했다. 젊은 세대가 '신세대' 'X세대' 'N세대' 등으로 그 명칭을 바꿔가면서 지속적인 관심의 대상이 되어온 데 반해, 중년세대는 그저 기성세대와 젊은 세대 사이에 존재하는 '샌드위치 세대' 혹은 '낀 세대'로 인식되어왔을 뿐이다.

이처럼 40대 초반에서 50대 초반에 이르는 중년세대는, 오늘날 인구분포에서 두터운 층을 차지하고 있음에도 불구하고 크게 주목받지 못했다. 미국의 베이비붐세대는 그 수가 엄청나다는 사실 하나만으로도 관심의 대상이 되었을 뿐만 아니라, 끊임없이 사회변동을 추진해온 엔진 역할을 담당했다는 사실에 비추어보면 의문이 들지 않을 수 없다. 또한 라이프사이클에 비추어 볼 때 40대는 가정 및 사회에서 중추적인 역할을 담당하고 있어 개인 및 사회의 미래가 이들에게 달려있다는 점에서 결코 무시할 수 없는 존재임에도 불구하고, 우리 사회는 지금까지 이들에게 무관심했다.

그러나 오늘의 중년세대 중, 지난 1990년대에 30대였으며 이제는 40대 초반과 중반을 차지하고 있는 386세대는 한때 집중적인 조명을 받았다. 이들은 자기 정체성이 강하고 현실에 안주하기보다는 변화를 추구했던 세대라는 점에서 큰 주목을 받았다. 또한 그들은 혼란스럽던 사회상황과 민주화의 열기가 가득했던 1980년대를 온몸으로 느끼고 변화를 실천하던 세대라는 점에서 동질감과 자부심을 느끼기도 한다. 사실 386세대는 그들만의 공감대로 인한 일체감을 그 어떤 세대보다 강하게 지니고 있다.

40대 중년세대에 대한 관심은 콘서트에서 '7080'이라는 말이 유행하면서 시작됐다. '7080'이란 '1970년대와 1980년대에 청년기를 보낸 세대'라는 뜻으로 현재의 40~50대를 지칭하는 말이다. 이로 인해 386세대에 이은 또 하나의 세대용어가 만들어진 듯하다.

그런데 왜 갑자기 이들을 규정하는 말이 생긴 것일까? 그동안 우리가 일반적으로 생각하는 중년세대의 이미지는 '무기력함'이었다. 그들은 텔레비전 약품 광고에서 육체적으로 쇠락하여 온갖 약을 다 먹어야 하는 사람들로, 드라마에서는 성장한 자식들의 결혼 문제에 지나치게 집착하는 고집불통의 모습으로 그려진다. 아직 직장에 나가고는 있지만 언제 해고될지 몰라 불안해하거나 갱년기로 인한 우울증을 겪는, 그러면서도 아직 자식이라는 짐을 완전히 벗어버리지는 못한, 곧 노년이 될 불안정한 세대였던 것이다.

중년세대에 대한 인식이 이렇다보니, 이들은 1990년대 이후 급격하게 성장한 대중문화의 혜택을 받는 대상으로 고려조차 되지 않았다. 그러나 2004년 초에 변화가 일어났다. 1970~1980년대에 활동했던 가수들을 모아 공연한 KBS의 '열린음악회'가 매우 좋은 반응을 얻었던 것이다. 그 이후로 이와 비슷한 콘서트 기획이 잇달아 성공하고 아바ABBA의 곡으로 구성된 뮤지컬 「맘마미아」까지 인기를 얻으면서 중년세대는 대중문화계에 자신들이 원하는 바를 확실히 각인시켰다.

중년세대가 한국 사회에서 주목받게 된 이유는 IMF외환위기 이후 구조조정의 영향을 가장 쓰라리게 맞았기 때문이라고도 생각할 수 있다. 가난의 쓰라린 기억과 풍요의 달콤함, 독재의 암울함과 민주화의 감격을 모두 아는 세대, 그 중년세대들이 IMF 이후 또 다시 부침의 갈림길에 서 있다. IMF를 거치며 재계와 금융권, 심지어 학계에서까지 중년세대 사장과 임원, 학장들이 대거 등장하고 있지만, 다른 한편에서 구조조정의 매서운 칼바람을 맞아 실직 가장으로 전락하는 이들 또한 중년세대이다. 이처럼 양 극단을 체험하는 것이 중년세대의 숙명처럼 여겨지기도 한다.

한국 사회에서 중년세대는 어떠한 의미를 지니고 있는가? 젊은 세대에 대한 관심에 비해 이들에 관한 논의가 활발하지 못한 이유는 무엇인가? 중년세대가 올바른 자리매김을 하기 위해서는 어떠한 노력이 기울여져야 하는가? 한국의 중년세대 중 베이비붐세대와 386세대는 각각 어떤 특성을 지니고 있는가? 중년세대에 대한 관심은 바로 이러한 질문에서 시작한다.

어떻게 중년세대를 이해할 것인가?

중년세대를 이해하기 위해서는 중년기에 속한 성인 남녀를 대상으로 신체변화, 인지변화, 직업변화, 성격변화, 가족생활의 변화 등을 조사해야 한다. 그들의 정체성, 자녀관계의 변화, 부부관계의 변화, 일과 직장의 변화 등에 대한 심층적인 연구 또한 중년세대를 이해하는 데 중요한 실마리를 제공해 줄 수 있다.

이러한 연구는 주로 중년기를 40세~60세로 설정하고 포괄적으로 논의를 전개하고 있다. 그러나 중년기에 속하는 40대와 50대는 생애주기에 있어서 질적으로 상이한 특징을 갖는다는 점을 고려할 때, 중년기의 구분은 보다 세분화될 필요가 있다. 『남자가 겪는 인생의 사계절』을 집필한 레빈슨Levinson은 중년기를 중년으로의 전환기(40~45세), 중년으로의 진입기(45~50세), 50대로의 전환기(50~55세), 중년의 절정기(55~60세)로 구분하고, 각 시기는 고유한 특징과 과제를 갖는다고 보았다.

레빈슨에 따르면 중년기로의 전환기는 성년기의 일을 마무리해가면서 중년기의 요령을 습득해가는 시기이다. 다음 단계인 중년으로의 입문기가 되면 중년세대는 새로운 선택을 수반하는 새로운 인생구조를 설계하게 된다. 이러한 논의는 40대와 50대의 삶이 서로 상이한 발달과제 및 변화의 내용을 가지게 된다는 점을 강조한 것으로 이해할 수 있다. 다시 말해, 40대와 50대의 생애주기적 차이에 주목할 필요가 있음을 강조하는 것으로 이해할 수 있는 것이다.

이 책에서는 한국의 중년세대를 이미 40대 중반에 이르고 있는 386세대와, 40대 중후반과 50대 초반에 걸쳐있는 베이비붐세대로 크게 나누어 논의하고자 한다. 한국의 중년세대는 생애주기의 차이뿐만 아니라 세대경험에 있어서도 커다란 차이를 보이기 때문이다.

　베이비붐세대는 말 그대로 한국전쟁 이후 태어난 사람들로 유신시대와 개발시대를 경험했다는 독특한 세대경험을 지니고 있는 세대이다. 386세대 역시 민주화를 화두로 살아온 세대로서 그 어느 세대와도 다른 독특한 세대경험을 한 세대이다. 이러한 세대경험뿐만 아니라 현재 한국의 중년세대를 이루고 살아가고 있는 이들의 문제의식이나 문제해결 방식 또한 크게 다르다. 중년세대에게 공통점이 있다면, 이들은 이제 '시대'나 '사회'에 대한 거대담론보다 삶의 터전인 직장과 가족과 개인의 소박한 꿈에 더 많은 관심을 보인다는 점이다.

　이 책의 목적은 바로 한국의 중년세대가 누구인지, 또한 중년세대가 겪고 있는 문제점은 무엇인지를 각 세대의 세대경험을 통해 알아보는 것이다. 세대경험은 그들이 각각 어떻게 살아왔는지에 대한 탐색이다. 이러한 과정을 통해 현재 중년세대는 어떻게 살고 있으며, 이들이 겪고 있는 문제는 무엇인지, 그리고 이들이 바라는 것은 무엇인가 등의 질문에 답하고자 한다.

　이 글을 젊은 세대가 읽는다면 선배 세대의 생애사를 읽는 기분이 들 것이고, 중년세대가 읽으면 '그럴 때가 있었지.'라며 잠시 그 시절로 돌아가기도 할 것이다. 그리고 세대 간의 차이를 깨달음으로써 우리는 세대 간의 상호작용을 증진시키는 방법도 배울 수 있을 것이다.

중년기란

중년기는 언제 시작되는가? 40개의 촛불을 불어 끄는 생일인가? 아들딸이 대학에 들어가는 때인가? 혹은 경찰관들을 '아저씨'라고 부르기에는 그들이 너무 어려 보인다는 사실을 깨닫게 되는 때인가?

중년기는 대부분의 사람들이 자신이 늙어가고 있다는 사실을 신체의 변화를 통해 처음으로 깨닫기 시작하는 때이다. 물론 신체변화는 전 생애를 통해 일어나지만 중년기의 신체변화는 특히 중요한 의미를 갖는다. 중년기가 되면 피부가 탄력을 잃게 되고, '까마귀 발' 또는 '미소라인'이라고 불리는 주름이 눈 가장자리에 나타난다. 이 밖에 이마, 목 부위에 주름이 생기고, 턱이 처지며, 눈 아래도 거무스름해진다. 시력의 감퇴와 생식능력의 감퇴도 중년기에 일어나는 눈에 띄는 변화 중의 하나이다.

그렇기 때문에 중년세대에게는 건강문제가 중요한 관심사이고, 따라서 자신의 건강에 대해서도 신경을 많이 쓰게 된다. 이들은 자신의 몸이 자기 혼자만의 것이 아니라 가족의 것이기도 하며, 스스로 건강하지 않으면 가족의 울타리가 되지 못한다는 것을 잘 알고 있기 때문이다.

'황금기'인가, '위기의 시기'인가

중년기의 개인은 지금까지의 자기 자신보다 훨씬 다양한 모습으로 넓은 무대를 개척하고 흡수하여 자신의 세계를 확대시켜 나간다. 성인기가 개척기에 비유된다면, 중년기는 개척을 계속해나가며 개척의 부산물인 행복을 향유하는 시기이다. 또한 이 시기의 중년은 개방적이어서 다양성을 받아들이고 흡수하여 자기 확대에 활용하고, 다양한 견해나 가치관의 차이를 인정하는 경우가 많다.

이 시기의 중년은 결혼생활에서도 지금까지의 시행착오를 거쳐 서로 보다 잘 적응하고 익숙해진다. 그래서 중년기의 부부는 동반자의식의 결실기에 도달했다고 볼 수 있다. 이전에 적응과 갈등해결에 힘썼다면, 그 과정을 거친 중년기에는 동질성을 더 많이 발견할 수 있는 부부관계를 이룰 수 있는 것이다.

이러한 시각은 중년기를 매우 긍정적으로 보는 것으로, 중년기를 도전이 있는 인생의 또 다른 단계로 보는 입장이다. 중년기를 인생의 가장 행복한 시기로 보는 이러한 시각은, 중년기의 경제적 안정, 직업에 대한 열정, 부모의 책임에서 벗어나는 자유 등을 강조한다. 또한 중년기는 인생의 정상을 향하여 능력과 창의성을 발휘하는 시기로, 불가능이 없는 것처럼 느껴지는 '인생의 황금기'라 여기는 것도 이와 비슷한 입장이다.

그러나 이에 반해 중년기는 흔히 '갈등으로 가득 찬 위기의 시기'라고 일컬어지기도 한다. '중년기의 위기'라는 용어는 정신분석학자들에 의해 처음 소개된 것으로서 중년기의 우울증, 혼외정사, 또는 직업전환에 대한 설명으로 급격히 대중화되어 유행어가 되었다. 중년기를 위기의 시기로 보는 견해는 중년기에 일어나는 여러 가지 변화, 즉 중년기에는 정체감의 재평가가 이루어지고 그에 수반되는 많은 사회적, 심리적 어려움을 경험하게 된다는 점을 강조한다. 이 시기에 결혼만족도는 최저점에 이르는 반면, 정신질환과 신경증의 발병률은 최고점에 이른다는 주장도 있다. 또한 중년기는 알코올 중독, 위궤양, 고혈압, 심장병 등이 가장 빈번하게 나타나는 시기이자, 결혼생활에서 이혼이나 별거, 불륜이나 도피 등도 드물지 않게 일어나는 시기이기도 하다.

지금까지 국내에서는 중년기를 위기의 시기로 보는 견해가 우세했다. 즉, 중년기의 위기가 가져오는 문제들과의 투쟁이 중년세대의 가슴을 무겁게 하고 정신을 피곤하게 만든다고 주장한 것이다. 이러한 견해는 특히 IMF외환위기 이후 급속하게 진행된 구조조정의 직격탄을 맞은 40대 중년세대가 겪은 어려움을 반영한 것으로 이해할 수 있다. ‘40대 위기론’ ‘상실의 세대’ 등으로 표현된 중년세대의 위기는 중년기를 부정적으로 보는 대표적인 예이다.

중년기 스트레스의 가장 큰 원인은 무엇보다도 예기치 않은 갑작스러운 실직이다. 실직에서 오는 스트레스는 수입상실로 인한 경제적 곤란뿐만 아니라 자아개념의 손상을 가져온다. 실직에 대한 두려움은 중년기에 가장 높은데, 중년기에 실직하면 새로운 직업을 구할 기회가 매우 드물다. 특히 40세 이후에는 새 직장을 구한다 해도 이전보다 봉급이 적으며 근무 조건도 훨씬 열악하다.

이때 많은 중년들은 그들이 덫에 빠졌으며 탈출구가 없다고 느끼는데, 이것은 중년기에 발생하는 우울증이나 다른 심리적 문제의 원인이 된다. 실직은 불안, 우울증, 공허감, 신체적 건강쇠퇴, 알코올 중독, 심지어 자살에까지 이르게 하며 당사자뿐만 아니라 부부관계와 자녀관계에도 영향을 미친다.

아마 현재 60대 이상의 기성세대들은 중년이 인생의 황금기였다고 여길 것이다. 그러나 오늘의 중년세대는 내리막길에 이르렀다는 생각에 매우 불안정한 시기를 보내고 있다. 또한 이들에게는 사회의 중추적인 구실이 요구되지만, 빠른 속도로 다음 세대에게 밀려나 주도권을 빼앗기면서 박탈감과 소외감이 커지고 정체성의 위기마저 겪고 있다.

불혹 아닌 미혹의 40대

과연 40대란 무엇인가? 40대는 이른바 중년이다. 인생 40은 불혹不惑이라는 말이 있다. "나는 15세에 학문에 뜻을 세우고(志于學), 30세에 주체적으로 자립했다(而立). 40세에 이르러서는 미혹되지 않았고(不惑), 50세에 천명을 알았다(知天命)." 논어에 나오는 공자의 이 말 중에서 '불혹'이라는 말은 오랜 세월 동안 40대 중년의 대명사로 인지돼 왔다. 어느 학자는 이를 공자의 역설적인 표현으로 풀이했는데, 이를테면 40대가 가장 흔들리고 미혹迷惑되는 시기이므로 경계하라는 뜻에서 불혹이라는 말을 썼다는 것이다.

이와 함께 40대가 인생의 절정이 되기 위해서는 반드시 치러야 할 것이 있다는 주장도 있으니, 그것은 바로 '흔들림'이다. 학자들은 "중년기는 외면적으로는 별 문제없이 균형이 잡힌 듯 보이지만 내면적으로는 분노, 속은 듯한 느낌, 탐욕 같은 유치한 감정을 지니는 시기이고, 바람직한 생활과 미소 뒤에 숨은 미성숙한 탐욕과 유치한 야망과 같은 양면성으로 인해 40대 남자들은 갈등에 빠진다."고 말한다. 40대는 '곤혹'의 나이라는 주장도 같은 맥락에서 이해할 수 있다.

실제로 40대의 많은 남자들은 흔들리는 자기 자신을 보며 "40은 불혹이라는데 나는 왜 이렇게 철없이 흔들리는 걸까?"라며 자신에 대한 부끄러움으로 자책한다. 그런 관점에서 한 정신과 전문의는 40대 남자들을 '유피놀세대'라고 부른다. '유피놀UFINOL’이란 ‘Unfinished noon of life(미완의 절정)’의 줄임말로, 절정이되 흔들림의 과정이 남았으므로 미완의 절정이라는 뜻이다. 이렇게 흔들리는 40대에 접어든 한국 남성들을 관찰해보면 다음과 같은 특성을 지니고 있다.[1]

첫째, ‘피곤함’이다. 벗어나려는 10대(탈출욕구), 즐기려는 20대(재미욕구), 더불어 살아가려는 30대(공동체의식), 외로운 50대(외로움)에 반하여 40대의 키워드는 바로 ‘피곤함’이다. 40대는 20대처럼 즐거운 시간을 갖고자 몸부림치지도 않고, 30대처럼 사회에 대한 불만을 토로할 힘도 없다. 일회용 위장약 복용률이 어느 연령대보다 높고, 80%가 노후보장보험에 가입해 있을 만큼 미래에 대한 불안함도 지니고 있다. 가족에 대한 강박적인 의무감은 말할 것도 없고, 건강이나 자신감 상실도 40대의 심리적 피곤함을 가중시키고 있다. 50대가 자주 걸려 50견이라 불리는 어깨통증이 요즘은 40견으로 불리는 것도 40대 고뇌의 다른 모습이다.

둘째, ‘편견과 아집의 고착화’이다. 일반적으로 사람은 나이가 들면서 말이 많아지고 남의 말을 귀 기울여 듣지 않는 경향이 있다. 그리고 어떻게든 자신이 경험했거나 받아들였던 상황들을 정당화하려고 한다. 자신이 살아온 과정을 부정하게 되면 그 시간 속에 들어 있던 자신의 존재는 근거 자체를 잃어버리기 때문이다. 40대 남자들이 편견이나 아집 등에 집착하는 심리적 메커니즘이 바로 이런 것이다.

이처럼 방황과 흔들림으로 상징되는 ‘불혹의 40대’는 의학

적으로 남성의 갱년기가 진행되는 시기에 해당한다. 주로 42
~52세에 찾아오는 남성 갱년기는 여성 갱년기에 비해 뚜렷
하지는 않지만 남성 호르몬인 테스토스테론의 생산량이 20대
의 절반으로 감소돼 골격·근육·피부 등의 노화가 현저하게
나타나고, 발기력감퇴·성욕저하·피로감·발한·탈모·소화장애
등 전신증상과 현기증·안면홍조·관절통·혈압상승 등 순환기
장애가 나타난다. 또 이로 인해 기억력감퇴·우울·불면·집중
력상실·강박관념·두통·이명 등 신경정신계 증상들도 따른다.
 40대는 어느 세대보다 과로와 스트레스가 집중되는 시기이
다. 또 몸의 기능이 20대의 80%로 떨어지고 혈관에 찌꺼기가
쌓이기 시작해 심장병, 중풍 등의 위험도 급격히 높아진다. 암
발병도 마찬가지다. 한국의 40대 사망률은 세계 1위이다. 통
계청의 발표에 의하면 40~44세는 1,000명 중 3.8명, 45~49
세는 5.7명이 숨졌는데, 이는 선진국의 2배 이상이다. 사망률
성비(여자 사망자 100명에 대한 남자 사망률 비율)도 40~44세는
305.4, 45~49세는 301.8로 일본(190), 미국(180), 영국(150)보
다 1.5배 이상 높다. 40대는 삶의 성공 여부가 결정되는 시기
이기 때문에 스트레스를 가장 많이 받으며, 성인병의 60~
70%가 이 스트레스와 연관돼 있다는 조사 결과는 시사하는
바가 크다.
 한국 중년 남성의 위기는 이런 스트레스를 술로 해결하려
는 데 있다. 중년세대 중에서는 독주를 한 입에 털어 넣고 몸
을 못 가눌 정도로 퍼마셔야 직성이 풀린다는 사람이 한둘이

아니다. 결국 우리나라 40대 남성의 사망률이 높은 것은 오랫동안 스트레스를 껴안고 살며, 술과 담배 연기에 찌든 생활에서 비롯되었다고 볼 수 있다. 또한 40대가 되면 여성호르몬이 증가하면서 심성이 감성적으로 변하고 마음의 상처를 잘 받게 된다고 한다. 게다가 직장에서는 중견으로서 쌓은 경륜을 발휘할 때이지만 급격하게 변하는 요즘 세상은 40대의 노하우를 인정하지 않는다.

마지막 아날로그 세대

중년세대가 성장기를 지나 사회인으로 접어들 무렵부터 사회는 산업화시대에서 정보화시대로 급격하게 변화했으며, 이러한 변화에 적응하는 데 어려움을 겪은 중년세대를 '마지막 아날로그 세대'라고 부르기도 한다. 한 가지 에피소드를 들어보자. 명절 때 일가친척이 다 모인 자리에서 어르신이 전화로 상대방이 일러주는 전화번호를 가족에게 받아 적으라고 하자 50대 이상 기성세대는 볼펜과 종이를 찾고, 40대는 필기도구를 찾다가 차라리 식구가 번호를 나눠서 암기할 것을 제의하는 데 반해, 30대 이하 젊은 세대는 재빨리 휴대폰을 꺼내 전화번호를 직접 입력시키는 기동력을 발휘한다. 그야말로 세대 간 발상의 뚜렷한 차이를 엿볼 수 있는 대목이다.

디지털 시대의 도래 등 급격한 사회변화 속에서 우리 사회의 중추인 40대는 흔들리고 있다. 많은 직장에서 이들은 새

일을 시작하기에는 너무 늦고 지금까지 배워온 일은 시대에 맞지 않는다는 이유로 벌써부터 구세대로 몰리고 있다. 직장뿐만이 아니다. 사회에서나 가정에서나 한국의 중년세대는 어느 세대보다 고달프다.

중년세대의 가장 큰 고민 중 하나는 젊은 세대와의 디지털 격차이다. 대학 시절에 컴퓨터를 다뤄볼 기회가 없었거나 적었던 이들의 컴퓨터 실력은 겨우 문서를 작성하거나 메일을 체크하는 수준이다. 이는 인터넷 정보검색이나 홈페이지 만들기 등을 자유자재로 하는 20, 30대와는 크게 차이가 난다.

중년세대가 젊은 세대들에 비해 실력 면에서 뒤지고 있다고 느끼는 것은 역시 영어와 컴퓨터 때문이다. 영어와 컴퓨터는 공간을 초월해서 일해야 하는 '글로벌 스탠더드 시대'에 확실히 중요한 무기이다. 중년세대의 경우 토플이나 토익 등의 영어시험 점수로 자신의 영어실력을 보여줄 수 있는 사람들은 그렇게 많지 않다. 또 이미 조직 내에서 어느 정도 자리를 잡은 이후에 컴퓨터 이용이 확산되었기 때문에 컴퓨터를 능숙하게 다루는 경우도 드물다.

중장년 직장인들이 '컴퓨포빅(컴퓨터 공포증)'으로 인한 소화불량, 두통, 불면증 등에 시달리다 정신과를 찾는 경우가 늘고 있다는 보도도 있었다. 이들은 하루가 다르게 변화하는 디지털 문화가 10, 20대 위주이다 보니 아이들과 대화할 만한 소재가 없다고 하소연한다. 소비와 문화의 중심축이 네트워크 세대에 집중되면서 아날로그 세대는 가족 구성원들과 마땅히 즐길 만한 여가수단이 없는, '말 안통하고 피곤한' 어른으로 전락하고 있다.

놀이 공간이 급격히 디지털식 문화 공간으로 바뀌고 있는 것도 아날로그 세대를 우울하게 만들고 있다. 직장인이 즐겨 찾는 서울의 종로, 신촌 일대에서 PC방과 DDR을 설치한 오락실은 쉽게 찾을 수 있는 데 비해 당구장과 기원은 찾기 힘들다는 조사결과가 이러한 현상의 좋은 예이다.

디지털 격차와 함께 직장 문화의 급격한 변화도 중년세대를 어렵게 만든다. 이들은 파격적인 변화를 꾀하기도 쉽지 않은 데다 기성세대의 삶의 방식을 이어받기도 힘들기 때문이다. 이제 질펀한 술자리로 리더십을 확인하던 시대는 끝났다. 일은 많아지고 사람은 줄어 다들 지쳐 있는데 무조건 술만 권하면 욕을 먹게 된다며, 더 이상 MBA(Management By Alcohol)는 통하지 않는 시대가 되었기 때문이다. 그래서 40대는 회식 때마다 서글픔을 느끼기도 한다. 술을 마시며 젊은 후배들에게 옛날 애기도 들려주고 인간적인 정을 나누고 싶지만, 후배들은 그런 자리를 마땅찮아 하기 때문이다.[2]

수난의 중년

중년세대의 경제적 지위는 가속화된 경제 환경의 변화로 인해 롤러코스터를 타는 듯한 변화를 보였다. 이들이 사회에 진출할 무렵인 1980년대 초반부터 1990년대 중반에 이르는 시기는 한국 경제가 고속 성장을 하던 시기로 인력수요가 많아 취업을 걱정할 필요가 없었다. 또한 이 시기는 일단 취업하면 평생고용이 보장되는 '평생직장'의 개념이 널리 퍼져 있던 시기이기도 하다. 또한 직장인들의 주요 관심사인 진급에 있어서도 시간이 지나면 자동적으로 승진하는 등 연공서열의 관행이 적용되던 시기였다.

그러나 이러한 분위기는 1997년 IMF금융위기를 겪으면서 급속히 변했다. 이른바 구조조정과 정리해고의 매서운 칼바람을 가장 뼈저리게 맞은 세대가 바로 중년세대이다. '사오정(45세 정년)'으로 상징되는 중년의 실업 문제는 이들을 위기로 몰고 있다. 이들은 경제적 기반을 미처 확립하지 못한 상태에서 교육비 부담이 가장 큰 생애주기에 직면해 있을 뿐만 아니라 자신들의 미래에 대한 대비도 잘 갖추지 못한 상태에서 실업의 위기를 맞았기 때문이다. 또한 중년세대는 부모 부양의 이데올로기를 고수하고 있는 마지막 세대로서 앞으로 또 다른 경제적 부담의 위기를 경험하게 될 것으로 예상된다.

모든 세대는 샌드위치세대이고 또 과도기세대이긴 하지만 구세계의 질서와 산업사회의 마지막 세대로서 한국의 중년세대가 가지는 상실감과 조기퇴진의 불안감은 좀 더 다른 의미를 지니고 있다. 컴퓨터 사회가 본격적으로 열리고 정보화의 소프트웨어가 인간의 마인드를 대체하게 되면 기술적 실업이 불가피하리라는 것은 예견되어온 일이다. 이러한 과정 속에서 생산직뿐만 아니라 수많은 중간관리계층까지 해고당했으며,

이제는 상시 명예퇴직이 일반화되고 있다.

아직 직장에 남아 있는 중년세대도 어려운 상황에 있는 것은 마찬가지이다. 특히 직급과 서열파괴가 진행 중인 기업체에 남아 있는 이들이 받는 압박감은 심각하다. 위로는 나이 어린 상사들과 아래로는 신사고로 무장한 젊은 직원들을 '모시느라' 하루하루가 피곤하다고 털어놓는다. 선배 세대들에게는 경험이 자산이 되었지만, 중년세대가 배운 아날로그 사고로는 요즘 디지털 세대에게 지시하거나 교육할 수도 없다. 오히려 자신들이 세상의 변화에 장애가 되는 것 같은 비참한 기분까지 들기도 한다.

이러한 상황 때문에 심각한 '관계장애'를 호소하는 40대 중년 남성들도 증가하고 있다. 관계장애란 부부 관계, 자녀 관계, 직장에서의 사회적 관계 등에 어려움을 느끼고 소외감과 불안감에 시달리는 현상으로, 급격한 세대교체와 기존 권위와 질서의 붕괴, 그리고 사회가치가 혼돈양상을 보이면서 한국의 중년 남성이 겪기 시작한 일종의 '화병'이다. 이처럼 중년세대는 가정과 회사 어디에서도 환영받지 못하는 '뜬 세대'가 된 것 같다.

중년을 위한 축제

최근 7080을 타이틀로 내세운 문화상품들이 연이어 등장하고 있다. 이러한 조짐은 이미 2000년대 초, '당신의 70년대를

노래합니다.’라는 ‘포크 빅4 콘서트(송창식, 윤형주, 김세환, 양
희은)’가 연회 매진되면서 ‘미사리 카페식 중년문화’가 불기
시작할 때부터 나타났다. 방송에서는 10대에게, 콘서트에서는
20대에게 밀려 문화를 향유하지 못하던 70~80학번의 대반격
이 시작된 것이다. 전반적인 공연문화의 부진 속에서도 ‘조용
필 예술의 전당 콘서트’ ‘나훈아 디너쇼’ 및 송창식, 최백호,
윤시내 등이 나오는 ‘오색오감 콘서트’는 매진을 기록했다.

1970년대와 1980년대에 대학을 다닌 이들을 대상으로 하
고 있다고 해서 붙여진 7080은 이제 트렌드를 넘어 본격적인
알짜 비즈니스로 떠오르고 있다. ‘KBS 열린 음악회’와 ‘7080
추억의 그룹사운드’로 시작된 7080 콘서트는 세종문화회관,
상암월드컵경기장 등 대형 공연장에서 뜨겁게 달아올랐다.

7080문화는 TV에도 화려하게 등장했다. ‘추억’이라는 민감
한 정서를 건드려 폭발적인 반응을 얻었던 ‘7080 콘서트’ 같
은 프로그램이 대표적인 예이다. 샌드페블즈, 옥슨80, 건아들
등 1970~1980년대 감성을 간직한 그룹들이 출연하는 ‘7080
콘서트’의 스튜디오는 자신들의 1970~1980년대 애창곡을 듣
기 위해 몰려든 방청객들로 가득 메워졌다. 이처럼 안방극장
에서 성공을 거둔 ‘7080 콘서트’는 아예 밖으로 나가 세종문
화회관 공연을 시작으로 16개 도시를 돌며 18만 명의 관객을
동원한 히트 공연으로 자리 잡았다. ‘7080 콘서트’는 지금도
매주 1회 방영되고 있을 정도로 꾸준한 인기를 모으고 있다.

‘7080 콘서트’의 히트 이후 ‘대학가요제 콘서트’ ‘추억의

낭만 콘서트' 등의 유사 상품도 쏟아져 나왔다. 이들의 공통점
은 '추억을 판다'는 것이다. 이는 7080이 한때의 유행으로 끝
나지 않고 지속적인 문화로 자리 잡을 가능성을 보여준 것이다.

7080 콘서트의 인터넷 홈페이지 내 열기도 대단했다. 중년
세대를 상대적으로 인터넷 접근성이 그리 높지 않은 세대로
볼 때 이들의 게시판 참여는 놀라울 정도였다. 대부분의 의견
은 "이 프로가 생겨서 너무 좋다."였다. 게시판 사용에 익숙하
지 못해 내용은 안 쓰고 제목만 써서 글을 올린 후, 그 글을
지우지 않은 채 똑같은 제목으로 새로운 글을 올린다거나 자
신이 쓴 글에 답글을 다는, 10대나 20~30대가 쓰는 게시판에
서는 좀처럼 보기 힘든 진풍경이 연출되기도 하지만, 그곳에
는 어느 게시판보다 진정성이 느껴지는 글들이 많다.

공연장에서도 기존의 문화에서 소외된 40대가 적극적으로
표를 사기 시작하여, 중년 관객이 공연장 풍경을 확 바꾸고 있
다. 1970년대 스웨덴 팝 그룹인 아바의 히트곡으로 무장한 뮤
지컬 '맘마미아'의 객석은 40대 이상이 50%를 차지할 정도로
중장년 관객들로 들어찼다. '에쿠우스' '관객모독' 등 국내에
소개된 지 20년을 훌쩍 넘긴 연극계 히트작을 한 자리에 모은
'연극열전' 시리즈 역시 중년 관객의 비율이 30%를 웃돌았다.

386세대는 누구인가

386세대는 1960년대에 출생하여 1980년대에 대학생활을 했고 1990년대에 30대였던 사람들을 말한다. 오늘날에는 대부분이 40대에 접어들어 한국 사회의 중년세대를 이루고 있다. 이들은 일반적으로 자기 정체성이 강하고, 현실에 안주하기보다는 변화를 추구하는 세대라고 알려져 있다.

그러나 엄밀한 의미에서 이 명칭은 1990년대에 정치권과 매스컴에서 처음 사용되던 시점에서만 효용성을 갖는다고 할 수 있다. 386세대의 대부분이 이미 40대에 진입했으며, 1980년대에 대학생활을 한 사람들이 반드시 1960년대에 출생한 것은 아니기 때문이다. 1950년대에 출생한 사람들도 고학년이나 제대 후 복학생으로 1980년대에 대학생활을 했다. 그리고

1960년대에 출생한 1980년대의 20대가 반드시 대학생이었던 것도 아니다.

이러한 문제점에도 불구하고 386세대는 1980년 광주항쟁에서부터 1987년 6월항쟁으로 이어지는 1980년대의 폭발적인 민주화운동을 함께 했다는 점, 그리고 이러한 역사적 경험을 '대학생활' 중에 공유했다는 특성을 지니고 있다.

386세대는 시대의 산물이다. 1980년대 신군부 세력이 정권을 장악하고 광주민주화운동을 무력으로 진압하던 암울했던 시기에 그들은 감수성이 강한 청년기를 보냈다. 그들은 선배들이 권력과 타협하고 비겁하게 침묵하는 것을 비판하며 온몸으로 민주화를 위해 싸웠다. 흔히 '분노의 폭발시대'라고 불리는 1980년대는 민주화운동이 가장 격렬하게, 그리고 가장 대중적으로 확산된 시기였으며, 이 민주화 운동을 주도한 그룹은 대학생집단이었다. 상대적으로 개방적인 지적 풍토에서 지배 권력에 대한 저항의식은 그것이 강단에서 학습되든 지하서클에서 학습되든 당시 대학생들을 격렬한 투사로 만들었다.

대학생들은 우리 역사에서 결코 작지 않은 위치를 차지하는 1987년 6월항쟁과 노동자 대투쟁을 이끄는 데 가장 중요한 역할을 담당했다. 투쟁을 승리로 이끌었다는 것은 이들의 삶에 커다란 영향을 미쳤다. 이러한 역사적 경험을 공유한 이들은 다른 연배와 다르게 자신이 속한 세대를 하나의 집단으로 인식하는 경향이 강하다.

2002년 대선에서 노무현 대통령의 당선은 6월항쟁을 이끈

386세대를 일약 시대의 주역으로 도약시켰다. 386세대와 '코드'가 일치한다는 노무현 대통령은 연령상으로 보면 4·19세대와 1970년대 세대의 중간 정도에 해당할 것이다. 그러나 그는 그 어느 쪽도 아니고 심지어 그 사이도 아니다. 오히려 그는 정신적으로 전형적인 386세대에 속한다고 볼 수 있다.

노무현 대통령의 등장으로 전면에 나서게 된 386세대는 청와대에서 중요한 역할을 담당하고 있고, 2004년 총선을 거치면서 명실상부한 사회의 주도세력으로 떠올랐다. 선거 결과 기존 정치인의 상당수가 이들에 의해 대체되었으며, 이들은 진보와 개혁이라는 이름을 걸고 앞으로 나아가고 있다.

오늘날 386세대들의 꿈과 사유가 관심을 끌게 된 것은 적어도 당분간은 그들이 어떤 생각을 하고 어떤 행동을 하느냐에 따라 한국의 앞날이 달라진다고 보기 때문이다. 그들의 연령분포는 40대 초반에서 40대 중반에 걸쳐 있으나 그 현실적 외연은 훨씬 넓다. 386세대는 이미 우리 사회의 중추적인 역할을 담당하고 있으며, 그 일부는 이미 지도적인 위치에 도달했다. 이와 함께 그들은 1980년대 민주화 운동의 선봉에 서 있었다는 도덕적 우위와 그들만의 독특한 연대감까지 갖추고 있는 세대이다. 특히 그들의 사고 속에서 빚어지는 각종 발상들이 노무현 정부의 특징으로 그 실체를 점점 드러내고 있다는 점에서 386세대에 대한 관심은 증폭되기도 했다. 이들의 활약에 대해 일부는 이를 거역할 수 없는 시대의 흐름으로 보는가 하면, 다른 한편에서는 아직 경륜이 부족한데 너무 설치는 것이 아닌가 하는 우려를 보이기도 한다.

이 세대에 대한 비판이 없는 것은 아니나 우리 사회에서 386세대는 권위주의적 정치권력에 몸으로 저항했던, 그야말로 절망의 조건 속에서 희망을 실현해낸 세대라고 할 수 있다. 386세대에 대한 다양한 평가 속에서 이들은 한국 사회의 주축이 되었고, 기성세대와 젊은 세대 사이의 가교 역할을 충실히 해야 한다는 의무도 지니고 있다. 이러한 사실만으로도 386세대에 대한 관심은 클 수밖에 없으며, 이제 이들이 가져야 할 사회적 책무 또한 그 어떤 세대보다 크게 부각될 수밖에 없다.

386세대의 출현

386세대는 1980년대 대학시절 권위주의체제에 맞서 민주화 투쟁에 앞장섰던 세대이다. 군사문화와 민주주의를 모두 체험한 386세대는 추진력과 창의성을 갖춘 독특한 세대이면서 50대 이후의 기성세대와 신세대로 대표되는 20대를 잇는 가교 역할을 무리 없이 해내고 있다. 그것은 386세대가 1970~1980년대 권위주의 시대에 성장했으면서도 민주화의 치열한 현장을 제일선에서 경험했기 때문이다. 또한 이미지에 좌우되는 신세대의 즉흥성과 선입견에 매이기 쉬운 기성세대에 비해 386세대는 가치관과 행동양식이 매우 건전하다는 평가를 받기도 한다.

그러나 이 같은 긍정적인 평가에도 불구하고 막상 그들은 자신들을 탈출구가 없는 세대라고 생각하고 있다. 좋은 의미로서의 가교세대보다는, 자유분방한 신세대와 지시에 익숙한 기성세대 사이에 낀 ‘틈새 세대’ 혹은 ‘낀 세대’라고 푸념하기도 한다. 386세대는 철저히 자기중심적인 신세대를 이해하기 힘든 만큼 적당히 비겁한 기성세대의 모습을 닮기에도 어색하다고 말한다.3)

386세대는 다른 세대에서는 찾아볼 수 없는 고유한 특성을 많이 지니고 있다. “세계 어느 곳에 이런 세대가 또 있을까?”라는 말이 설득력 있는 것도 그 때문이다. 이들은 경제개발을 목표로 국가총동원체제를 정비하던 박정희 정권 시절에 청소년기를 보내고 전두환 정권 시절에 대학을 다닌 세대이다. 이들은 치열한 경쟁과 민주화 투쟁이라는 독특한 경험을 한 세대이며, 군사정권에 반대하는 투쟁을 전국적으로 그리고 대중적으로 이끌어본 세대이기도 하다.

386세대는 “왜?”라고 묻는 세대이다. 그들이 20대 초반에 맞닥뜨린 세상은 참으로 이해할 수 없는 것이었다. 지금까지 배워온 것과 다른 일들이 벌어지고 있었고, 그래서는 안 되는 일들이 태연하게 진행되고 있었다. 그런 의미에서 386세대는 다른 세대와 비교하여 이념적이고 파괴적이었으며, 진보적이었다. 그들은 우리 사회의 불평등 구조와 군부독재에 맞서 싸웠으며, 우리 사회에서 가장 건전한 사회비판세력으로서의 위치를 굳혔다. 비판의식과 현실참여에 대한 열의, 진취적이고 개혁적인 성향이야말로 그들의 전매특허이다. 1980년대 후반부터 한국 사회에서 봇물 터지듯 일기 시작한 시민운동의 주축으로 386세대가 활약했다는 사실도 이와 같은 맥락에서 이해할 수 있다.

386세대는 농촌에서 태어나 대학을 도시에서 다닌 '마지막 농경세대'라고 불린다. 산업화가 급속도로 진행되는 시점이긴 했으나, 박정희 정권의 새마을 운동에 의해 농촌에 대한 국가적 투자도 이루어지던 상황이었기 때문에 아직은 탈농, 이농 현상이 농촌을 휩쓸지는 않았던 것이다. 또한 386세대는 마지막 타자기 세대이면서 컴퓨터를 대중적으로 다룬 첫 세대라고도 할 수 있다.

386세대에게 유독 '마지막 세대이자 첫 세대'라는 칭호가 많이 따라다니는 이유는 아마도 이들의 역사적 위치가 독특했기 때문일 것이다. 이들은 전환기의 한국, 즉 산업화와 정보화의 사이, 농촌과 도시의 사이, 독재와 민주화의 사이에서 수많은 변화를 주도하거나 변화에 적응하기 위해 노력한 세대이다.

1980년 5월에 광주민주화운동을 겪고 대학에 들어간 그들의 학창생활은 공부보다 시위로 점철됐다. 감옥에 가거나 강제로 징집되는 동료들을 지켜봐야 했고, 막걸리와 화염병이 책보다 가까웠던 시절을 보냈다.

386세대는 근대적인 교육을 대규모로 받고 자란 세대이다. 대학이 증설되고 정원이 두 배로 늘면서 그전의 어느 세대보다도 많은 사람들이 대학교육을 받았다. 이들은 산업화 과정에서 생존논리가 가장 우위에 있을 수밖에 없었던 이전 세대에 비해 산업화의 진전이 가져온 혜택을 비교적 많이 받고 자란 세대이다. 물론 "굶어봐라." "배부른 소리 하지 마라."라는 이전 세대의 소리에 주눅 들곤 했지만 그것만이 전부가 아니라는 생각을 키워온 세대라고 할 수 있다. 한 마디로 이들은 현재의 10, 20대처럼 물질적 풍요 속에서 성장하지는 않았지만, 그렇다고 절대빈곤의 고통 속에서 성장하지도 않은 세대이다.

내일보다는 오늘, 결혼보다는 연애, 집보다는 자가용이 더 필요하다는 현실주의적인 의식구조와 반제反帝와 반미反美, 통일지상주의라고 하는 극단주의적이고 모험주의적인 의식구조에 입각하여 행동하는 386세대는 사회 구석구석에 변화의 바람을 일으켜 왔다.

1980년대에 주로 발생한 미문화원 방화사건과 미문화원 농성사건은 6·25전쟁을 직접 체험한 세대의 사고체계로는 납득하기 힘든 사건이었다. 그러나 386세대가 이를 자주외교, 주체적인 외교라고 주장했던 것처럼, 이들은 국가 간의 관계에서도 종속보다 평등한 관계로의 지향을 희구한 세대이다.

광주항쟁과 6월항쟁의 영향을 강하게 받은 386세대는 자신의 자화상에 대해 열린 사고의 흔적을 보이고, 현재 진행 중인 개혁에 대해서는 매우 비판적이며, 여성에 대해 우호적이고 소외된 약자들에 대해 깊은 이해심을 보이고 있다. 바로 이 점에서 이들은 큰 잠재력을 가진 것처럼 보인다. 또한 이들은 유교를 포함한 우리의 전통문화 안에 21세기 한국 사회의 건설에 필요한 요소들이 적지 않다는 점을 인정하고 있다.

386세대의 상징

우리 사회에서 일반 명사처럼 쓰이고 있는 386세대의 정체
성에 관한 논의는, 박정희 정권의 등장과 비슷한 시기에 출생
한 세대, 박 정권의 경제성장정책의 수혜자로 가난을 딛고 대
학 시절을 시작한 세대, 그러나 1980년대 '광주'를 경험하고
권위주의 정권하에서 민주화된 세상을 꿈꾸었던 세대 등으로
매우 다양하게 전개되어 왔다.

386세대라고 하면 가장 먼저 떠오르는 것이 무엇인가? 386
세대는 스스로를 어떻게 인식하고 있는가? 386세대에게 익숙
한 것은 무엇인가? 이러한 질문에 대한 답은 386세대의 특성
혹은 정체성을 파악하는 데 중요한 실마리를 제공한다. 386세
대에게 가장 익숙한 것으로는 돌, 형, 이념서적과 술, 컴퓨터,
비디오카메라, 배낭여행 등을 들 수 있다.[4]

돌은 시위문화의 상징이자 무장 전경의 최루탄과 곤봉 세
례에 맞설 유일한 무기였다. 당국은 이러한 무기의 공급을 막
기 위해 일찍이 대학가 주변 도로의 4각 보도블록을 모두 아
스팔트로 교체해 오늘날에도 대학가에서는 그 흔한 보도블록
을 찾아볼 수 없다. 386세대라면 누구나 '전투'가 끝난 후 시
위 현장 곳곳에 널려 있던 돌, 화염병, 최루탄의 잔재 등을 기
억한다.

386세대 여자후배는 남자선배를 '형'이라고 불렀다. 이는 대학에서 여학생들의 의사표현이 강해지면서 남학생들과의 성적 차별을 인정하지 않으려는 생각에서 비롯된 것으로 이해할 수 있다. 1960년대의 남녀 간 호칭은 동성끼리는 '언니'나 '형', 이성끼리는 'OOO씨'가 당연하였다. 그러나 1970년대에 이르러서는 남자에게는 '형' '선배', 여자에게는 '누나' '언니'라고 부르는 것으로 변했고, 1980년대의 386세대에서는 남녀 관계없이 모두 '형'이라는 호칭으로 통일됐다. 호칭에서 성의 구별이 완전히 사라진 것이다. '형'이라는 호칭은 결혼 후에도 계속되기도 한다. 기성세대 여성들은 결혼과 동시에 '여보' '당신'이라는 호칭에 익숙해졌지만, 386세대에게는 그런 호칭이 생소하다. 그래서 학창 시절부터 연애해 결혼한 경우일수록 아내가 남편에게 '형'이라는 호칭을 많이 쓰며, 동갑내기는 물론 나이차가 제법 나는 부부도 반말로 얘기하는 것을 쉽게 볼 수 있다.

이념서적도 386세대의 또 다른 이미지이다. 특히 운동권 학생들은 사회과학 계통의 서적을 커리큘럼에 따라 독파했다. 그들은 고교 때까지의 '제도교육'으로 인한 시각을 교정하기 위한 입문서를 거쳐 한국현대사, 변증철학, 노동문제 관련 서적, 제국주의 이론 등의 순으로 독서량을 늘려갔다. 이러한 분위기에서 1980년대는 '사회과학의 시대'라 불릴 만큼 이념서적이 붐을 이루었다. 당시 각 대학의 종속이론이나 정치경제학 관련 과목이 사회과학 전공자들에게 큰 인기를 끌었으며,

이 과목들에 대한 일반 학생들의 관심도 가히 폭발적이었다. 이처럼 386세대는 학창 시절에 전공 탐구보다는 사회과학과 역사철학, 세계경제 구조, 북한 연구, 한국적 자본주의 등을 공부하는 데 더 많은 시간을 할애했다.

한편 각종 학내 행사 뒤에는 애프터after라는 '뒤풀이'가 뒤따랐다. 1970년대 대학생들이 미팅 후에 다시 만나는 것을 의미했던 애프터는 1980년대에 들어서서 모임을 점검하고 전열을 재정비하는 성격을 지녔으며, 이러한 전통은 오늘날에도 이어지고 있다. 막걸리나 소주에 감자탕, 파전 등을 시켜놓고 치열하게 이념 논쟁을 벌이는 대학생들의 모습은 당시 386세대에게 그리 낯설지 않다.

386세대는 PC와 인터넷을 사용하고 이러한 IT기기를 자신들의 목표를 위한 커뮤니케이션의 수단으로 사용할 능력을 지닌 제1세대라고 할 수 있다. 1980년대 중반부터 조금씩 개인 컴퓨터가 보급되기 시작하여, 1990년대에는 수업 시간에 내는 리포트도 컴퓨터로 작성하여 제출하는 것이 보편화되었다. 컴퓨터와 만난 1세대답게 386세대는 1990년대 정부와 기업에 컴퓨터 문화를 정착시키는 데 크게 기여하였다. 이후 386세대는 워드프로세서 수준에 머물러 있던 PC문화를 네트워크 단위로 확장시켰고, 인터넷을 자신들의 세계관을 전파시키고 결집시키는 가장 효과적인 수단으로 자리 잡게 하였다.

이들의 노래운동도 활발했다. 1980년대 이후 386세대는 노래를 운동수단으로 정착시키고 집단성, 조직성, 실천성 등의 개념을 정립한 노래 서클의 지속적인 활동에 주력해왔다. 386 세대가 주도한 운동권 가요는 대학가와 노동계의 집회나 소규모 모임, 놀이 시간, MT, 술자리에서 조직의 일체감과 연대감을 확고히 해주는 역할을 해냈다. "사랑도 명예도, 이름도 남김없이"로 시작되는 '동지가'는 대중가요처럼 불렸고, '광야에서' '솔아 솔아 푸르른 솔아'는 386세대의 필수곡이 됐다.

386세대는 배낭여행의 선구자였다. 386세대는 유학이 아닌 '여행' 개념으로 배낭을 메고 세계로 나간 첫 세대이기도 했다. 이는 1988년 정부의 여행자유화조치에 따른 것이었다. 아시안게임과 올림픽에 자원봉사자로 참여한 386세대는 '세계'에 대한 갈증이 컸고, 여기에 1980년대 후반의 물질적 풍요가 동력이 됐다. 그리고 386세대는 이전 세대와 달리 외국을 동경의 대상으로만 생각하던 단계를 벗어나 자기 자신과 우리나라에 대한 자신감 속에서 외국의 문물을 선별적으로 받아들이는 특성을 보였다. 다양한 해외 경험은 386세대가 개방의 철학을 익히는 데 기여했으며, 자기 자신과 우리 사회를 되돌아보게 하는 기회를 제공하기도 했다.

비판적인 386세대

386세대는 무엇보다도 비판적인 성향이 강한 세대이다. 1980년대를 겪어온 386세대는 젊은 시절부터 끊임없이 비판하며 성장하였고, 과거 어느 세대보다 지속적으로 비판정신을 실천한 세대였다. 또한 이들은 사회 모순과 권위주의적 정치체제에 깊은 관심을 갖고 변화와 발전을 추구하는 데 몰두하였다. 이들의 문제의식은 정치적 민주화, 빈부격차, 노동문제, 통일 및 외세문제 등으로 요약될 수 있다.

정치적 민주화의 요구는 1980년대 내내 대학가를 달구었다. 386세대는 군사정권에 반대하는 투쟁을 전국적으로, 그리고 대중적으로 이끌어온 세대이다. 이러한 노력은 단순한 정의감의 발로에서가 아니라 한국 사회에 산적해 있는 모순을 해결하기 위해서는 끊임없는 문제 제기와 문제 해결을 위한 실천적 노력이 불가피하다는 인식에서 비롯된 것이다.

386세대의 이러한 의식은 현실참여로 자연스럽게 나타났으며 이미 정치현실에 구체적으로 작용하였다. 1987년 대통령선거와 1988년 총선에서 386세대의 참여는 다른 어느 세대보다 두드러졌다. 학생들은 기말고사 응시를 연기한 채 대통령선거에 뛰어들었고, 직장을 휴직하고 연설회장을 쫓아다닌 근로자들도 많았다.

'노학 연대'를 내세운 대학생들의 위장취업이 본격화된 것도 주목할 만하다. 민중의 조직화가 없는 학생들만의 정치투쟁으로는 사회모순의 구체적 해결을 꾀할 수 없다는 인식이 확산되면서 학생들은 공단 주변의 야학활동과 방학 중의 공장활동, 노동현장 취업 등을 벌이게 된 것이다. 대학을 졸업하거나 중퇴하고 일선 노동현장에 단순 기능직 근로자로 취업, 근로자들과 함께 생활하며 노동운동을 벌여 나가는 위장취업은 노동문제에 깊은 관심을 갖고 참여하는 운동권 386세대의 특징적 모습이라고 할 수 있다.

1980년대에 폭발적으로 진행된 노조운동은 전적으로 386세대 노동자가 이끌어온 것이라 해도 과언이 아니다. 그들은 의식주 해결에 전념해야 했던 선배 근로자들과 달리, 자주적이고 민주적인 의식과 조직을 갖춘 어엿한 사회 세력으로서 자리 잡아갔다.

386세대는 대통령 직선제 선거를 통해 '군부 독재 종식'이라는 구호가 빛을 잃게 된 후, 분단문제와 통일문제에 큰 관심을 보였다. 같은 민족으로서의 북한에 대한 인식은 386세대와 다른 세대를 구별하는 또 하나의 기준이 될 수 있다. 386세대는 분단과 냉전체제의 이데올로기적 경직성을 벗어난 최초의 세대이기 때문이다.

386세대는 북한을 전쟁과 관련된 집단으로만 보는 국민적 인식을 한 차원 끌어올려, 북한이 통일의 대상이라는 인식을 고취시키기 위해 노력한 첫 세대이다. 그 과정에서 내부적인 이념갈등과 이견도 존재했으나, 우리 민족의 중요한 과제는 통일이라는 사회적 합의를 이끌어내는 데 기여했다고 할 수 있다. 이 통일운동을 계기로 386세대의 통일론에 동조하든 반대하든 당시 이 땅에 사는 사람들은 한반도가 분단 상황이라는 점을 새삼 인식하게 되었고, 통일을 위해서는 무엇을 어떻게 해야 하는지를 진지하게 생각하지 않을 수 없게 되었다.

1980년대에 들어와 본격적으로 나타나기 시작한 반미주의는 광주문제에서 보여준 미국의 태도와 "미국은 우리에게 어떤 의미를 지니는 나라인가?"라는 문제의식에서 싹트기 시작했다. 기존의 미국에 대한 인식이 워낙 우호적이었기 때문에, 당시 미국에 대한 인식에 변화가 오기 시작했다는 것은 상당한 의미를 갖는다.

1980년대 대학 교정에서 미국 성조기를 밟고 지나가는 행사를 보는 것은 어렵지 않은 일이었고, 반미감정은 일반 국민들에게까지 확산되었다. 1988년 서울 올림픽 기간에 열린 미국과 소련의 농구 경기를 보러 온 관중은 대부분 성조기가 아닌 소련기를 들고 있었고 경기 도중 "USA!"를 외치는 관중은 거의 찾아보기 힘들 정도였다. 이후 운동권 학생들의 전유물로 여겨지던 반미구호는 노동자, 농민의 집회에서도 자주 등장하게 되었고, 각종 소비자 단체를 중심으로 한 '양담배 불매운동' '우리 농산물 애용 캠페인'이 전국 곳곳에서 벌어졌다.

당시 운동권 학생들은 "해방 이후 미국은 남한을 극동 반공 기지로 확보함으로써 군사적 이익을 얻고 자국 독점자본의 구미에 맞는 예속경제를 영구히 유지, 보장받으려 해왔다."며, 이런 미국의 실체가 광주민중항쟁을 통해 적나라하게 표출됐다고 주장했다. 오늘날에도 일상에서 확대되는 반미의식들은 바로 386세대의 자생적 반미주의에 그 기원을 두고 있다. 실제로 인터넷이나 여타 매체를 통해 다양한 반미의 징후들을 이끌어내는 층도 바로 386세대라고 할 수 있다.

비판적 사회의식으로 무장한 386세대는 1990년대부터 크게 활성화되기 시작한 시민운동 단체에서도 중요한 역할을 담당하고 있다. 특히 1990년대 이래 시민운동을 선도하고 있는 경실련, 참여연대, 환경운동연합, 녹색연합 등의 거대 시민단체들이 성장하는 데에는 이들의 헌신이 결정적이었다고 할 수 있다. 시민운동단체에서 386세대들은 서민의 권익을 옹호하고 후손을 위해 환경을 걱정하며, 정부와 기업의 부조리를 예리하게 지적하는 데 앞장서고 있다. 시민운동에 관여하지 않는 386세대들도 시민사회의 개혁적 잠재력에 대한 신뢰는 대단히 높으며, 시민운동단체에 대한 신뢰 또한 다른 어떤 조직에 대한 것보다 높은 것으로 나타난다.

적응력이 뛰어난 386세대

386세대가 대학을 다닐 때의 캠퍼스 분위기는 지금과 사뭇 달랐다. 취업난이 그렇게 심각하지도 않았지만, 시위로 날을 새던 당시의 대학분위기는 장래를 위해 뭔가를 준비할 수 있을 만큼 한가롭지도 못했다. 신세대들은 외국어나 컴퓨터가 기본인 데 반해 386세대는 그러한 준비 없이 직장에 들어왔다. 그러나 대학을 졸업하고 1990년대 초 사회에 진출한 386세대는 급속하게 변화된 환경에 빠르게 적응해야만 하는 새로운 과제에 직면했다. 무엇보다도 개방화와 정보화라는 급속한 사회변동의 와중에서 컴퓨터와 인터넷 없이는 아무것도 할 수 없는 현실과, 무한경쟁이 강조되는 세계화의 파고가 그것이었다.

386세대는 이렇게 급변하는 현실에 가장 먼저 적응한 세대라고 할 수 있다. 사실 이들은 1988년 서울 올림픽 이후 해외여행자유화를 통해 세계사회로의 개방을 맞이한 세대들이며, 1990년대 정부와 기업에 컴퓨터문화를 정착시킨 주인공들이기도 하다.[5] 20대인 신세대와 비교하면 당연히 뒤진다고 말할 수 있겠지만, 적어도 50대의 기성세대가 컴퓨터나 인터넷에 익숙하지 못했던 것과는 달리 386세대는 이러한 매체를 적절하게 활용했다. 386이라는 세대명칭에서도 알 수 있듯이 이들은 컴퓨터시대, 나아가 인터넷시대의 선두주자들이었으며, 처음으로 제대로 된 컴퓨터를 접해본 세대인 것이다.

컴퓨터 문화에 새롭게 진입한 386세대는 정보통신업계의 발전과 정보화의 주역으로 등장했고, 연이어 몰아쳤던 벤처열풍의 진원지가 되었다. 그들은 경험은 적었지만 젊었으며, 독창적인 아이디어와 기술을 보유하고 있었다. 386세대는 실패를 두려워하지 않고 그 경험을 소중히 여겼을 뿐만 아니라 경쟁자와의 제휴에 익숙하고, 그들과 정보를 공유하는 데 거부감을 느끼지 않았다. 이들은 아이디어 하나로 마이크로소프트사의 빌 게이츠와 같은 성공을 꿈꾸었다.

386세대가 벤처기업에서 두각을 나타내는 이유는 이들이 직장경험을 바탕으로 창업에 대한 마인드와 인적 네트워크를 준비한 후 개업하기 때문이라는 주장이 있다. 또한 그들은 톡톡 튀는 신세대를 이해하고, 기술적인 백그라운드도 갖고 있기 때문이라는 설명도 설득력 있게 들린다. 미래산업의 핵심이라 할 수 있는 정보통신, 컴퓨터 소프트웨어, 신소재, 생명 공학 등 첨단 분야가 벤처기업의 주력인 점을 감안하면 이들이 우리나라 경제의 미래를 짊어지고 있다는 평가도 과장된 것은 아니다.

386세대는 직장문화를 새롭게 변화시키는 데도 노력을 아끼지 않았다. 레저시설도 경제적 여유도 없었던 이전 세대의 직장인들과 달리, 1990년대의 386세대 직장인은 경제성장의 혜택을 누리며 일과 문화의 접합점을 찾아내기 시작한 것이다. 운동, 등산, 낚시, 문화유적 답사, 수지침, 영화감상, 사진 찍기, 시낭송 등 다양한 문화소모임 활동이 좋은 예이다. 비록 '직장은 직장, 생활은 생활' '일은 일, 여가는 여가'라는 인식 때문에 회사로부터 충성심이 부족하다는 잔소리를 듣기도 하지만, 이들이 직장에서 이루고 싶은 소망은 일로써 인정받고 장차 독립할 수 있는 실력을 쌓는 것이다.

대학 시절 이상주의적 이념에 심취했던 386세대는 사회 각 층으로 진출하여 광범위한 화이트칼라 계층을 형성했지만, 1988년 서울올림픽을 전후로 불기 시작한 개방의 파고는 그들에게 전방위 경쟁이데올로기로 무장하기를 요구했다. 그리고 세계화의 생존철학은 이들에게 '믿을 건 실력뿐'이라는 생각을 갖게 했는데, 연공서열에 의한 승진제도가 사라진 일터에서 실력이 없으면 도태되기 때문이다. 명예퇴직과 정리해고의 복병이 도사리고 있는 요즘에는 더욱 그렇다. 이런 측면에서 386세대는 실력 위주의 기업문화를 처음 경험한 세대이기도 하다.

사회에 진출한 386세대들은 이러한 변화에 적응하려는 노력을 아끼지 않았다. 386세대는 대학 시절에 전문적인 기능이나 능력을 기르지 못한 것을 아쉬워하는데, 당시 시대적 상황 때문에 외국어를 공부하거나 전공과목에만 몰두하기보다는 이념서적을 읽으며 민주화투쟁에 관심을 두는 것이 보편적인 정서였기 때문이다. 이러한 이유에서 기업의 사원연수 프로그램이나 컴퓨터, 외국어 등을 가르치는 사설학원에는 386세대가 가장 적극적으로 참여했다. 야간대학원에서도 386세대의 비중은 무시하지 못할 정도이다. 이미 자기계발의 기회를 놓쳐버린 기성세대와 무한한 가능성을 갖고 있는 신세대 사이에서 뭔가 해야 한다는 강박관념이 이들을 짓누르고 있었던 것이다.

386세대는 자본시장의 첨병으로도 등장했다. 증권과 채권, 선물 시장 등에서 386세대 펀드매니저들은 한 사람당 수백억 원에서 수천억 원대의 펀드를 굴렸다. 1980년대의 시위대열에서 한국자본주의의 심장부로 뛰어든 셈이다. 대학 시절 이들은 '자본'이라는 단어에 부정적이었으며, 자본주의, 자본가, 매판자본, 독점자본, 자본논리 등 '자본'이 들어가는 대부분의 용어들은 비판의 대상이었다. 오늘날에도 386세대는 자본주의를 부정적으로 보는 성향이 강하지만, 그 강도는 많이 약해지고 있다. 또한 경제성장에 있어 대기업의 역할이 매우 중요하다는 것을 인식하고 있을 뿐 아니라 자산을 운용하는 것도 돈 있는 사람의 돈을 불려준다는 측면에서 극히 자연스러운 일로 받아들인다.

지난 대선에서 노무현 후보를 대통령으로 만드는 데 크게 기여한 386세대들이 최근 현 정권에서 멀어지고 있다는 조사 결과는 다양한 측면에서 검토될 수 있으나, 현실에 빠르게 '적응'하는 386세대들의 특성에서도 그 이유를 찾을 수 있다. 무엇보다 국정의 우선순위에서 민생과 경제가 뒤로 밀려 있고, 개혁이 지지부진하다는 등의 이유로 386세대가 정권에 대한 실망감을 표출한 것으로 볼 수 있다. 또한 가시적으로 나오는 성과가 별로 없는 데다 개혁이 지나치게 이념적인 형태로 진행되는 것에 그들이 거부반응을 보이고 있다는 지적도 이와 비슷한 맥락이다. 그리고 개인적으로는 가정을 이끌면서 사교육비 부담이 커지고 있음을 피부로 느끼며, 치열한 경쟁에서 살아남기 위해 애쓰다 보니 현실적인 상황을 많이 고려하게 된다는 것도 중요한 이유로 들 수 있을 것이다.

386세대에 대한 단상들

결혼을 선택으로 여긴 첫 세대

결혼을 필수가 아닌 선택으로 여기는 독신층은 우리 사회에서도 큰 흐름을 형성하기 시작했고, 386세대는 이 흐름을 이끌어온 대표적인 세대이다. 386세대의 적지 않은 수가 과감하게 '나홀로 삶'을 선택하였고, 따라서 결혼과 아이 등 가정생활에 스스로의 삶을 얽매이는 대신 홀가분하게 삶을 즐기면서 사회적 성취에서 보람을 찾고자 하는 독신 생활을 택하는 경우가 이 세대에서는 두드러지게 나타났다. 386세대의 미혼자 비율이 점차 증가하고 있다는 사실은 그들의 결혼관이 기성세대의 그것과 큰 차이가 있음을 의미한다. '사회적인 지위

와 안정감을 위해' '2세를 얻기 위해' '결혼할 나이가 됐으니'
결혼한다는 기성세대의 결혼관은 386세대에게는 더 이상 공
감을 얻지 못했다. 그들에게는 오히려 "일 때문에 정신없이
바빠 결혼은 생각할 겨를이 없지만, 이러한 선택을 후회하지
않는다."는 주장이 더욱 설득력 있게 다가왔다. 결혼보다 자신
의 인생목표가 더 중요하다는 생각, 혹은 기존의 결혼적령기
에 구애받지 않고 결혼의 필요성을 느끼며 자신과 맞는 사람
을 만나야만 결혼을 하겠다는 생각이 강한 것이다. 이런 결혼
관은 만혼과 독신층의 확대뿐 아니라 계약결혼, 결혼연령의
파괴 등 새로운 부부형을 만들어냈다.

배우자의 선택기준도 이전 세대와 달리 매우 실용적이라는
특징을 보였다. 남성들은 맞벌이가 가능한 여성을 절대적으로
선호했다. 이는 '혼자 벌어서는 도저히 여유 있는 생활을 할
수 없다'는 현실을 인식함으로써 비롯된 것으로 이해할 수 있
다. 여성들은 경제력과 함께 여가를 중시하기 때문에, 돈을 아
무리 많이 벌더라도 함께 여가를 즐길 시간이 없는 남편이라
면 문제가 있다는 인식을 보인다.

우리 사회에서 이혼은 더 이상 죄악이 아닐 뿐 아니라, 결
혼과 마찬가지로 여러 선택 가운데 하나가 되었다. 산업화와
함께 진행된 이 같은 이혼관의 변화는 386세대가 사회에 첫
발을 내딛은 1990년대에 들어서면서 명백하게 밖으로 드러나
게 되었다.

이혼 가정이 늘면서 이혼에 대한 사회나 이혼자들의 의식

도 변하고 있다. 얼마 전까지만 해도 이혼자들은 스스로를 인생의 실패자로 여겨 자책감에 빠지는 경우가 많았으나, 최근에는 이혼을 자신의 삶을 위한 선택으로 받아들이고 선택에 대한 책임을 지려는 경향으로 바뀌고 있다. 386세대 사이에서는 여성들이 먼저 이혼을 제기하는 경우도 이전 세대에 비해 부쩍 늘고 있으며, 남편의 외도, 폭력, 경제적 무능력 등을 이유로 이혼을 요구하는 사례도 점차 늘어나는 추세이다.

386세대 중에서는 자녀를 둔 맞벌이 부부의 이혼도 급증하고 있어 "자식 때문에 어쩔 수 없이 같이 산다."는 우리나라의 전통적 부부의식이 사라지고 있음을 보여준다. 자식이 있고 없고는 이제 이혼에 결정적 영향을 미치지 않는 것이다. 이를 반영하듯 최근 가정법원에서는 서로 아이의 양육을 상대방에게 넘기려는 경우도 늘고 있다고 한다. 종전에 부부가 이혼하면서 아이를 서로 키우려고 하여 벌어지던 비극은 이제 영화나 드라마 속에서나 볼 수 있는 일로 변해가고 있다. 이혼한 뒤 재혼하는 비율도 높아지고 있는데, 이러한 재혼 증가율은 이혼을 인생의 실패로 여기지 않게 된 인식의 변화에서 비롯된 현상으로 풀이된다.

386세대는 성性에 대해서도 개방적이고 적극적이다. 이 세대에서는 '사랑하는 사이라면 결혼 전에 성관계를 갖는 것도 무방하다.'고 생각하는 사람들의 비율이 높다. 성에 대한 고민을 해결하는 방법도 기성세대와 전혀 다르다. 기성세대가 자신의 성문제를 최대한 숨기면서 간접화법으로 도움을 얻으려는 경향이 강한 반면, 386세대는 스스럼없이 비뇨기과를 찾아 치료하고 자신의 고민을 직설적으로 드러내놓으며 해결책을 구한다. 이처럼 386세대는 성을 자연스럽고 긍정적인 것으로 인식하기 시작한 첫 세대라 할 수 있다.

성 구별을 거부한 세대

치열한 투쟁의 장에서 단련된 386세대 여성들은 자기의식이 강하고 주장과 표현이 적극적이며 진취적인 사고를 지니고 있었다. 이들은 대학 시절 민주화를 위한 각종 시위에서 남학생 못지않은 역할을 담당했다. 이전 세대의 여학생들이 돌을 날라주는 역할을 맡는 게 보통이었다면, 386세대 여학생들은 남학생들과 똑같이 돌을 던지며 '전투'에 직접 참여할 만큼 적극적이었던 것이다. 이처럼 여학생들의 의사표현이 강해지면서 남학생들과의 성적 차별을 인정하지 않으려는 현상도 두드러져 선배에 대한 호칭은 남녀에 관계없이 '형'으로 통일됐다. 또한 남성의 전유물처럼 여겨졌던 흡연과 음주 역시 적어도 대학가에서는 여성에게 상당 부분 개방되었다.

386세대 여성들은 대학 졸업 후 사회에 진출하면서 관습화된 남성 우위의 사회질서에 반발하고 부단히 부딪쳐 그것을 극복해 나갔다. 또한 이들의 자각이 높아지면서 과거에는 개인적 항의에 그쳤던 일들이 점차 조직적 저항으로 발전하는 추세도 나타났다. 386세대 여성들이 1980년대 후반부터 활성

화되기 시작한 진보적 여성단체에서 그 어느 세대보다도 중추
적인 역할을 담당하고 있음은 이러한 분위기와 무관하지 않다.
　이들의 전문직 진출 양상도 주목할 만하다. 남성 위주로 구
성되어 왔던 검찰에 여성 검사가 등장하고 각종 고시에서 여
성의 합격 비율이 증가한 것이 좋은 예이다.

여가생활은 보다 적극적으로

　경제성장의 풍요를 맛보면서 성장한 386세대는 휴식과 여
가에 처음으로 눈을 뜬 세대이다. 이들에게는 주말이나 휴일
이면 가족과 함께 도시 근교로 나들이도 하고 가끔 외식도 하
면서 생활의 여유를 즐기는 것이 일상화되었다. 여가를 모른
채 일에만 매달려온 50대, 그들의 사고방식을 답습한 40대와
는 달리 386세대는 일보다는 삶의 질을 추구하고 여가를 즐기
기를 원했다. 이들은 '생계를 위한 직장' '돈을 벌기 위한 직
업'이라는 이전의 가치관을 무너뜨렸고, 여가생활을 자신의
삶에서 대단히 중요한 부분이라고 생각한다. 그래서 취업을
할 때에도 더 많은 월급보다는 더 많은 여가시간을 원하는 경
향을 보인다. 즉, 회사 일을 마친 뒤 충분히 취미활동을 할 수
있는 시간적 여유가 있어야 한다는 것이다.
　이들은 영상매체에도 익숙하여 텔레비전, 비디오, 영화, 컴
퓨터 등을 통해 영상의 매력에 이미 젖어 있으며, 당연히 TV
시청이나 영화 관람에 할애하는 시간이 다른 세대에 비해 상

대적으로 높다. 또한 이들은 정적인 유형의 레저보다는 대체로 동적인 유형의 것을 선호한다. 최근에는 직장동료들 간의 각종 동호인 모임이 활발해지고 있는데, 이러한 모임의 주체가 바로 이들 386세대이다.

해외여행은 386세대들이 가장 선망하는 휴가 메뉴이다. 배낭여행과 신혼여행을 해외로 다녀온 첫 세대인 386세대는 언제라도 해외여행을 떠날 수 있는 마음의 준비가 갖춰져 있다. 가족 단위로 해외여행을 떠나는 사람들 중 30대의 비율이 가장 높다는 사실이 이를 잘 보여준다. 해외여행을 할 때에도 이들은 천편일률적인 패키지여행보다 자유롭게 즐길 수 있는 개별여행을 선호한다. 또한 휴가 목적지에 대한 여러 정보를 수집하는 것도 386세대의 특징이다. 이들은 싼 호텔, 다른 사람들이 잘 가지 않는 뒷골목, 맛있는 식당, 나이트 라이프 등 패키지 상품에서는 누릴 수 없는 특이한 즐거움에 관심을 두는 경향이 있다. 해외여행 상품을 취급하는 여행사도 386세대들에게는 촉각을 곤두세운다. 얼렁뚱땅 쇼핑 커미션을 받고 바가지를 씌우는 관행이 이들에게는 통하지 않기 때문이다.

한편 386세대에게는 딱히 ‘휴가철’이라는 개념이 없다는 특징이 있다. 선배 세대들은 자녀들의 방학에 맞춰 집중적으로 휴가를 내지만, 386세대들은 그야말로 ‘아무 때나’ 휴가를 떠난다. “나 편할 때 가면 되지, 뭐 하러 시간을 맞춰야 하나?”라는 식의 생각으로 선배들 눈치 보지 않고 휴가 날짜를 잡거나 연월차를 몽땅 모아 장기 여행을 떠나는 경우도 386세대가

처음이었다. 어차피 일 년에 한 번 있는 휴가, 가고 싶은 곳에
서 확실히 즐기고 오겠다는 발상이다.[6]

대중문화의 주변인

　대중문화에 관한 한 386세대는 자신의 위치를 찾지 못하고
방황을 거듭해온 불행한 세대이다. 이들은 신세대와 기성세대
사이에 끼어 자신들만의 독특한 특성을 발휘하지 못했다. 신
세대들이 자유분방함과 톡톡 튀는 기발함으로 새로운 멋을 드
러내고 기성세대가 어려웠던 시절의 향수를 멜로물과 트롯을
통해 끈질기게 이어가고 있는 반면, 386세대들은 자신들을 대
변할 대중문화를 만들어내지 못했다. 이 같은 386세대의 대중
문화 취향을 색깔로 따진다면 회색에 가깝다.[7]

　386세대는 노래방을 두려워하지 않는다. 이들은 20대 신세
대나 40대 이상 기성세대와 함께 자리하는 경우에 신세대들이
좋아하는 랩과 댄스를 그런대로 어색하지 않게 따라 부를 수
있으며, 조용필, 이미자, 패티김 등과도 친숙하기 때문이다. 이
런 점에서 386세대는 양 세대의 가교 역할을 충실히 수행하지
만 386세대끼리 모여 있을 때는 뭔가 뚜렷한 '그들만의 것'을
찾기 힘들다고 한다. 이들은 젊은이다운 새로운 스타일의 음
악을 창조하고 즐기기보다는 '광야에서'나 '솔아 솔아 푸르른
솔아' 등 운동권 가요를 부르며 음악에 대한 갈증을 해소할
뿐이다.

386세대는 이 같은 성향 때문에 '구매력 없는 계층'으로 무시 받고 있다는 평가도 있다. 세계 어느 나라든 30대는 그 나라 대중문화에서 나름대로의 영역을 갖고 있는 데 반해 우리나라의 30대는 구매력은 물론 채널주도권조차 갖고 있지 않으며, 이 때문에 30대 시청자를 의식하는 프로그램 제작자는 거의 없다는 견해도 있다. 따라서 30대를 한마디로 '대중문화의 주변인'이라 규정하기도 한다. 30대는 자신들이 10대나 20대일 때 보고 들었던 대중문화만을 '추억'할 뿐, 지금의 대중문화로부터는 철저히 소외돼 있다는 의미이다.

386세대가 '대중문화의 주변인'으로 머문 이유로는 무엇보다 이들이 대중문화를 향유할 시간과 정신적 여유가 없는 탓에 영화, TV드라마, 가요 등 대중문화 생산자들이 기획단계에서부터 30대를 철저히 배제하고 있다는 점을 들 수 있다. 또한 30대가 대중문화 수용단계에서 10대나 20대에 비해 자의식이 무척 강하다는 점도 들 수 있다. 사실 386세대는 대중문화를 접할 때마다 '이런 노래를 들어도 되나?' '저런 옷을 입어도 되나?' 등의 질문으로 스스로를 점검하는 데 익숙하다.

그러나 최근에는 386세대의 기억과 가슴에 남아 있는 시절을 그리는 문화현상이 나타나 주목을 받고 있다. 1980년대를 그리는 영화가 386세대의 향수를 자극하고 있고, 가수들은 1980년대 히트곡들을 리메이크하여 신선한 바람을 일으키고 있다. 또한 졸업식, 다방, 디제이 등 그때 그 시절을 떠올리게 하는 소재들을 담은 왕년의 히트작들도 출판, 만화 분야에서

재출간 붐이 일고 있다. 1970년대와 1980년대를 떠올리는 '7080 콘서트'가 큰 성황을 이루는 것도 같은 맥락이다. 물론 이 같은 복고 붐은 잠재적 구매력을 가진 30~40대를 겨냥한 마케팅의 차원에서 비롯된 것으로 보이나, 이것은 동시에 그동안 신세대에 밀려 대중문화의 주변인으로 맴돌았던 30~40대들이 자리매김을 할 수 있는 계기가 되었다.

소비주도의 세대

386세대는 상대적으로 기성세대보다 경제적 풍요를 누리고 있는 세대이다. 먹고 자고 입는 기본적 욕구에 충실한 것이 기성세대의 소비성향이라면, '인생은 즐기는 것'이라는 새로운 인생관을 갖게 된 386세대는 즐기기 위해 돈을 쓴다. 기성세대의 소비가 생필품 중심이라면 386세대들은 문화용품 중심의 소비생활을 영위하고 있다. 이는 386세대 특유의 개방성, 감각성, 실용성 등에서 비롯된 것으로 볼 수 있다.

소비에 관한 한 386세대는 주변인이 아니다. 이들은 모든 세대를 통틀어 가장 안정적이고 확실한 고객이라 할 만큼 우리 사회의 소비를 주도하고 있다. 또한 386세대는 신용카드를 가장 많이 사용하는 세대로, 기성세대가 신용카드를 낭비를 조장하는 '괴물'로 생각하는 데 반해 이들은 '신용사회의 필수품'으로 인식한다.

386세대의 구매 패턴은 보수적이라는 특징을 보인다. 이들은 물건을 살 때 어느 회사 제품인가를 먼저 따지며, 즐겨 찾는 브랜드를 계속 이용하는 특성을 지니고 있다. 가급적 써본 경험이 있는 제품을 쓰는 것이 더 편하다는 386세대는, 가령 맥주를 선택할 때에도 특별한 불만이 없는 한 기존의 것을 또 찾는다. 또한 이들은 유행에 그다지 민감하지 않고 자신만의 개성을 추구하는 성향을 보이며, 고급 브랜드를 지향하면서도 절약하는 알뜰한 구매성향을 동시에 지니고 있다. 더불어 다양한 매체를 통해 접촉하는 광고에 의존하여 구매하는 비율도 높다.

구매패턴이 보수적인 데 반해 386세대의 소비문화는 개방적이다. 김치, 된장찌개 같은 한식을 즐기지만 아침을 빵과 우유나 커피 한 잔으로 때우기도 한다. 신세대들을 위한 다이어트용 음식이나 피자나 스파게티 같은 외래 음식, 그리고 전통적인 보신용 음식 등도 가리지 않는다. 이들은 이른바 '잡식성' 음식문화에 익숙하며, 이는 자주 가는 레스토랑의 차림표에서도 잘 드러난다. 즉, 386세대는 한식에서부터 양식, 이태리, 불란서, 멕시코 등 그 나라 특유의 요리뿐 아니라 각 나라의 음식 중 몇 가지를 취사선택하여 새로이 융합한, 이른바 '국적 없는 음식'도 즐긴다.

한편 이전 세대가 물건을 소유함으로써 자신의 신분을 과시하였다면 실용세대인 386세대는 합리적 가치관에 의해 소유가치보다는 사용가치를 중시하는 소비경향을 보인다. 최근 다양한 품목으로 확장되고 있는 '대여 사업'은 이 같은 수요를 충족시켜주기 위한 것으로 볼 수 있다. 식생활에서 인스턴트 식품이 인기가 있는 것도 이와 같은 맥락에서 해석할 수 있다.

상대적 박탈감의 세대

386세대가 사회 초년병이었던 시절, 윗세대인 1940~1950년대 생들이 볼 때 이들은 확실히 자신들과 달랐다. 마치 기성세대가 지금의 젊은 세대를 뭔가 이상하고, 전혀 새로운 종의 인류처럼 보듯이 말이다. 386세대는 퇴근 시간 지키기, 회식문화 바꾸기 등을 통해 기존의 직장문화를 바꾸어 놓았고, 사회 각 부문에서 바람을 일으켰다. 또한 노동조합과 노동운동의 전위에도 이들이 섰다.

직장에서는 중견 간부로, 사회에서는 중추 세력으로 불리는 386세대는 오늘날 30평 안팎의 아파트를 한 채 가지고 있고, 아내와 두 자녀 가정을 이루는 도시중산층의 전형을 보여주고 있다. 이제 40대 중년세대의 중요한 구성원이 된 이들은 지금 어떠한 느낌이 들까? 이들의 대부분은 상대적 빈곤감을 느낀다고 한다.

무엇보다 이들은 선배 세대가 누렸던 혜택을 더 이상 가질 수 없다는 점이 지적된다. 예를 들어 고속 승진에 장기간의 간부직까지 안정된 직장생활을 보장받았던 선배 세대와 달리 386세대에게는 입사와 더불어 승진 적체가 함께 시작되었기 때문이다. 또한 선배 세대에게 큰 도움이 되었던 직장주택조합의 메리트도 거의 사라지고, 이들이 결혼해 집이 필요하던 시기에는 집값이 3배 이상 뛰어버렸다.

이들이 느끼는 허전함과 상실감은 남다르다. 일반적으로 삶을 안정시키는 요소는 안정된 직장, 주택문제 해결, 부부 화합, 자녀 교육인데 이 세대는 그중 어느 한 가지도 쉬운 게 없는 게 사실이다. 나이를 먹을수록 점점 먹고 사는 문제와 아이들 키우는 문제에 매달리게 되는 것도 386세대의 현주소이다.

IMF외환위기도 이들의 삶을 피곤하게 만들고 있다. 당시 이들이 직접적인 감원 대상이나 퇴출 대상은 아니었지만 그 이후부터 지금까지 하루하루의 직장생활은 가시밭길의 연속이다. 영원히 30대일 줄로만 알았던 이들이 어느새 40대로 진입하여 상시구조조정의 그늘 속에서 살아야 하기 때문이다.

과거에는 안정권에 속했던 40대가 조기 퇴직 등으로 눈 깜짝할 사이에 밀려나는 시대에 접어들었음을 이들은 누구보다도 잘 알고 있다. 후배가 치고 올라오면 언제든지 그만둘 각오도 돼 있어야 한다. 그러나 막상 '그만두고 나면 뭘 하지?'라고 자문하면 답이 막힌다. 게다가 자녀들이 대학에 들어가게 되면 목돈이 들어가는 일만 남는다.

젊은 시절, 우리나라가 민주화가 되기를 간절히 바랐던 이들의 소원은 이제 돈이 많아지고, 그것으로 가족이 행복했으면 좋겠다는 생각으로 바뀌었다. 삶의 터전인 직장의 안정과 가족의 행복을 바라는 소박한 소시민으로 살아가기를 원하는 것이다.

그 밖의 단상들

손가락으로 볼펜을 360° 빙그르르 돌리는 특이한 재주를 가진 세대, 서클(동아리)과 세미나를 유난히 좋아하는 세대, 현실에 불만이 많은 세대, 자기 정체성이 강하고, 현실에 안주하기보다는 변화를 추구하는 세대 등 386세대에 대한 견해는 다양하다.

흔히 386세대는 '샌드위치 세대' 혹은 '낀 세대'라고 불린다. 조직 내에서 일단 자기 개성을 표출하려고 시도하는 것은 윗세대와 다른 점이고, 장애에 부딪힐 때 자기 생각을 숨기고 마는 것은 아래 세대와 또 다른 점이다. 386세대는 40대 이상 기성세대에 비해서는 서구화되고 개인화된 경향이 있지만, 감각적인 20대 신세대에 비해서는 보수적이다. 기성세대가 '자동차보다 집', 신세대가 '집보다 자동차'라고 생각한다면, 386세대는 '집일 수도 있고 자동차일 수도 있다'는 절충적이고 애매한 생각을 보여주고 있다. 이와 비슷하게 386세대는 전통과 현대, 보수와 진보, 집단주의와 개인주의, 문자감각과 영상감각의 이중성을 동시에 가진 세대라고도 할 수 있고, 또 그런 이중성 때문에 심각한 정체성의 혼란을 경험한 세대라고 할 수 있다.

386세대는 조직 내 '고교 학맥'의 벽이 깨지기 시작한 세대이기도 하다. 고교 자율화 세대인 이들은 선배들에 비해 'OO고' 출신에 대한 집착이 상대적으로 덜하다. 그런 점에서 한국의 고질적인 학연과 지연의 병폐를 치유할 세대로 기대 받고 있다.[8]

그러나 386세대는 이러한 기대와 달리 학연이나 지연 등 연고주의를 기반으로 하는 집합적 권력추구 방식을 답습하고 있어 비난을 받기도 했다. 예를 들어 지난 정권에서 연속적으로 터져 나온 벤처비리의 주범들인 386세대의 비리행태는, 학연이나 지연을 이용하여 정치권에 유착관계를 맺어 정보와 이권을 독점하는 종래의 기업비리와 크게 다르지 않기 때문이다.

이전 세대에 비하여 일이든 취미든 각종 모임을 만들기 좋아한다는 것도 386세대의 특징이다. 치열하게 세미나를 하고 지냈던 대학 경험 때문에 직장에서도 모여서 토론하지 않으면 허전함을 느끼는 것이다. MT문화도 이들이 서로의 연대를 강화하기 위한 방안으로 이해될 수 있다. 대성리나 일영 유원지 등으로 MT를 떠난 젊은이들은 민박집의 좁은 방에 수십 명이 들어가 쓴 소주에 고추장 멸치, 꽁치 통조림을 갖다놓고 밤새 격론을 벌였다. 직장에 들어간 후에도 386세대는 이때의 경험을 살려 조직 내 단합과 새 아이디어 기획을 위한 직장 MT문화를 선도했다.

오늘날 이들은 온라인이나 오프라인에서 활발하게 커뮤니티를 구성하고 있다. 기성세대가 주로 지연과 학연을 통하여, 그리고 신세대가 기호와 취향에 따라 모임을 형성하는 데 반해 386세대의 모임은 동종업계 종사자 간의 정책연구 모임, 공동육아 모임 등 그 성격이 다양하다. 그러나 무엇보다 이러한 모임의 중요한 공통점은 무엇을 '함께 즐긴다'기보다 '함께 풀어간다'에 초점을 맞춘다는 것이다. 386세대는 모이는 데 익숙하고 해결방법을 찾을 때에도 함께 의논해야 직성이 풀린다. 이러한 정서와 문화는 이들이 샐러리맨에서 학부형으로, 그리고 소시민으로 자리를 옮긴 지금까지도 이 세대를 묶는 끈으로서 강하게 작용하고 있다.

386세대는 '이념 과잉'의 시대에 살았다. 이는 대학의 분위기가 1970년대의 낭만주의에서 1980년대의 혁명주의로 바뀌었다는 주장과 같은 맥락이다. 시위가 있는 날에는 어김없이 토론이 열렸고, 이러한 토론에 참가하기 위해서 젊은이들은 비판서적을 읽지 않을 수 없었다. 다양한 이념서적의 합법적인 출판은 이러한 분위기 조성에 크게 기여하였다. 1970년대에는 일부 학생들이 어렵게 구한 비판서적의 일어판 원전을 비밀스럽게 학습했던 데 반해, 386세대는 합법적으로 출판된 마르크스-레닌주의에 탐닉했던 세대이다. 마르크스주의 철학 입문서인 『철학에세이』는 대학 신입생들의 필독서였고, 『해방전후사의 인식』은 당시로선 거의 불모지대였던 한국현대사를 역사인식의 전면에 부각시켰다는 평가를 받을 만큼 크게 주목받았다. 그들에게 책은 현실을 변화시키는 힘이었으며, 특히 이념성 사회과학 도서는 가장 매력적이었다. 한길사, 창작과 비평사, 사계절 등 사회과학 출판사들은 386세대에게 가장 익숙한 상표였고 정권의 이념서적 단속도 이들의 '조직적인 책 읽기' 열기를 막을 수는 없었다. 이러한 분위기 속에서 사회학, 경제학, 정치학 등 사회과학은 크게 꽃피었다.

그러나 386세대는 '낭만 결핍'의 시대를 보냈다. 그들이 대학생활을 할 당시에 "캠퍼스의 낭만이 사라졌다."는 자조 어린 목소리가 나올 만큼 그들의 '놀이문화'는 회색빛이었다. 386세대는 대학가 주점을 찾아 시국토론을 하며 많은 시간을 보냈고, 시위와 각종 학내 행사가 끝나면 수십 명이 모여 시대의 아픔을 토로하느라 시간 가는 줄 몰랐다. 때로는 젓가락 장단에 맞춰 운동가요를 합창하고 독재를 성토하면서 울분을 달래기도 했다. 그래서 데이트를 할 때에도 잘못한 것이 없는데 부끄러워하거나 남들에게 숨기는 경향이 강했다.

축제문화도 시대에 영향을 받았다. "캠퍼스에 쌍쌍파티가 웬 말인가!"라는 주장에서도 알 수 있듯이 학생시위 때문에 축제를 번번히 치르지도 못했다. 대신 "파쇼 타도" 구호와 돌멩이, 최루탄이 축제의 마당에 흩어졌다. 그렇지만 386세대도 미팅은 열심히 했다. 고교시절 엄격하게 이성교제가 규제되는 환경에서 성장한 이들은 일반적인 미팅은 물론, 고팅(고고장 또는 디스코장에서 하는 미팅)을 유행시켜, '개빙고(개강을 빙자한 고팅)', '중빙고(중간고사를 빙자한 고팅)', '종빙고(종강을 빙자한 고팅)' 등이 열렸다. 운동권에 발을 담근 학생들까지도 '개빙고' 행사엔 참가했다. 물론 사치스럽다는 자체 내 비판도 많았으나 1980년대 내내 이 행사는 계속되었다.[9]

386세대를 위하여

한국 사회의 격변기를 거치며 386세대가 공유해온 역사적 경험과 집합적 기억은 이들을 다른 세대와 구별하였을 뿐만 아니라, 이들에게 민주화를 성취하는 데 중심적 역할을 했다는 자부심까지 주었다. 특히 대학 시절에 사회정의를 위해 싸웠던 결과로 얻은 도덕성은 이들의 커다란 자산이다. 386세대는 직장이나 정부 각 부처에서 청렴한 풍토를 정착시키는 견인차가 되고 있으며, 이들에 의해 건전하고 깨끗한 풍토가 확산되고 있다는 점은 기성세대도 인정하고 있다. 결집력 역시 386세대의 중요한 장점이다. 학창 시절 독재정권과의 투쟁을 위해 필수적이었던 조직의 결집력 덕분에 이들은 20대 신세대의 개인주의와는 다른 자산을 갖게 됐다.

이러한 자부심에 걸맞게 386세대는 사회 각 분야에서 신선함을 불러 일으켰다. 지식정보화의 주역으로, 또 세계화 시대의 선봉으로 왕성하게 활동함으로써 경제계는 물론이고 법조계 및 학계에서도 386문화를 선도해왔다. 그리고 386세대는 마침내 권력의 핵에까지 진입하는 데 성공했다. 노무현 대통령의 참여정부 출범과 함께 그들은 청와대의 요직을 차지하였고, 지난 총선을 통해 정치권으로의 진입도 성공적으로 치렀다.

386세대에 주목하는 이유는 핵심 권력과 사회 주요 부문에 이 세대가 진출하여 사회변혁을 추진하는 과정에서 명분에 집착하고 급진성을 보이기 때문만은 아니다. 이 세대가 중심 세력으로 등장할 경우 앞선 세대가 퇴장해야 하는, 이른바 '세대전쟁'의 양상을 보이고 있다는 주장에도 주목할 필요가 있다. 또한 용어가 탄생하던 당시의 자부심이나 기대감과는 달리, 현재 386세대는 갈등의 진원지가 되고 있다는 지적도 귀담아 들을 필요가 있다. 이를 되돌리는 것이야말로 386세대의 역사적 역할을 새롭게 규정하는 일이 될 것이다.

386세대는 종종 유럽의 68세대와 비교되곤 한다. 1968년 프랑스의 소르본 대학생들이 교육제도와 사회에 문제를 제기하면서 시작된 68혁명은 학생들과 수백만 노동자들 간의 연대가 이뤄졌다는 점에서 6월항쟁과 비교된다. 그러나 68혁명의 주인공들은 이후 좌파운동가나 여성운동가, 환경운동가로 활동하면서 새로운 가치와 삶의 방식을 전파한 데 반해, 우리의 386세대는 해놓은 게 없다는 비교는 늘 386세대를 비판하는 데 활용되어왔다.

386세대에 대한 비판적인 견해 중 일상적인 편 가르기와 타 세대에 대한 적대감이 강하다는 지적은 주목할 만하다. 다른 세대들 사이에서 386세대는 독선적이며 피해의식이 강하다는 지적을 받는 데다 그런 지적을 받을 만한 언행도 공공연히 하기 때문이다. 이는 그들이 주류 사회로 편입되면서 진보적인 의식과 보수적인 현실 사이의 괴리감을 느낄 수밖에 없었던 환경에서 비롯된 것으로 이해할 수 있다. 또한 자신들끼리 비밀스럽게 이데올로기와 저항 조직을 공유해오던 습성에서도 그 이유를 찾을 수 있다. 이처럼 공통의 사회경제적 환경을 공유한다는 것은 분명 '뭉치기'에 유리한 조건을 제공한다. 그러나 '우리의 뭉치기'가 '그들의 편 가르기'가 된다는 사실을 잊어서는 안 된다.

386세대는 좀 더 유연해져야 한다는 지적도 겸허하게 받아들일 필요가 있다. 현실을 가장 잘 설명해주는 이데올로기를 찾던 과거의 습관에서 벗어나 '현실에 적합한 대안'을 모색하는 새로운 문화를 만들어야 한다는 의미이다. 사실 386세대는 상대적 약자, 평등, 분배, 환경 등의 명분에 무조건적으로 집착하는 경향이 있다. 이는 소수의 비판자 입장에서는 좋은 무기일 수 있으나 주류의 운영자 입장에서는 취약점일 수밖에 없다. 386세대가 보다 유연해져야 한다는 것은 장기적으로 다른 세대와 협력을 모색해야 한다는 의미이기도 하다. 이는 386세대 혼자 개혁을 이룰 수 있다는 생각에서 벗어나야 한다는 것과 맥을 같이 한다.

386세대에 대한 논쟁은 386세대 안에서도 뜨겁게 이뤄지고 있다. "사람마다 서로 다른 경험을 가지고 있는데, 그 실체가 뭐냐?" "권력의 단맛에 너무 쉽게 유혹당했다."라는 386세대 내의 반발이 그것이다. 386세대 내의 새로운 흐름인 '자유주의연대'도 386세대에 대한 비판세력으로 주목받고 있는데, 이들은 "정치권에 진출한 386세대가 자유주의의 한국적 수용, 세계 인권신장에 기여한다는 진보적 가치를 실현하는 대신 좌파적 시각으로 과거를 해석하며 지지 세력의 결집과 편 가르기만 초래하고 있다."고 비판한다.

중요한 것은 386세대가 1980년대의 기억에 머물러서는 안 된다는 점이다. 이제 386세대는 자신들을 기득권으로 바라보는 새로운 실용세대가 등장했음을 알고, 같은 세대 내의 '반386' 혹은 '새로운' 흐름도 읽어야 한다. 흔히 '포스트386'이라 불리는 젊은 세대는 이미 386세대와 여러 분야에서 충돌하고 있으며, 이 두 세대의 차이는 386세대와 기성세대 못지않게 나타나고 있기 때문이다. 386세대는 자신들이 갖고 있던 사고와 행동을 새 시대에 맞게 업그레이드해야 한다. 이들이 단지 젊은 피 수혈이라는 명분 아래 장식재로 머물 것인가, 아니면 새로운 사회변혁을 선도할 주역으로 커나갈 것인가는 전적으로 자신들의 몫이다.

베이비붐 세대의 자리매김

한국전쟁 이후 태어난 베이비붐세대는 그동안 한국 사회에서 주목받지 못하고 6·3세대와 386세대, 아날로그와 디지털 세대 사이에 '낀 세대'로 취급당하는 애물단지일 뿐이었다.

앞뒤의 세대들 사이에서 '낀 세대'로서의 비애를 느끼지 않는 세대는 없을 것이다. 그러나 베이비붐세대는 IMF외환 위기로 인한 충격과 부담을 별다른 준비 없이 온몸으로 부딪쳐야 했던 세대라는 점에서 더 큰 박탈감을 느끼고 있는 것 같다. 정치적으로 그들은 3김과 386세대에 낀 세대이다. 군부통치와 3김 장기패권 사이에서 제대로 자리조차 펴지 못하다가 386세대의 등장 속에서 도매금으로 떠밀려나고 있다는 위기감을 지우기 어렵다. 또한 사회적으로 그들은 여전히 고개 숙인 아버지이다. 부인으로부터 능력 없다고 구박당하고 아이들로부터는 시대에 뒤떨어졌다고 외면당하기 일쑤이다.

문화적으로도 그들은 찬밥이다. 텔레비전을 켜도 그들이 보고 즐길 만한 것은 하나도 없으며, 아무도 그들의 마음이나 그들의 욕구에 관심을 갖지 않는다. 신나는 일이 없을까 하고 다시 밖으로 눈을 돌려봐도 이들이 갈 만한 공연장 하나, 쉴 만한 모임터 한 곳도 변변하지 않다.

386세대는 기존의 패턴으로는 해석되지 않는 다른 특징들을 가지고 있다. 그러나 베이비붐세대는 과거의 가치관에 많은 영향을 받아, 결혼 후 부모님을 모신다든가 남자가 가사를 도와주는 것을 꺼린다든가 하는 전통적인 가부장제의 영향이 남아 있다. 또 경제가 한창 성장하던 시기에 취직을 한 세대이기 때문에 그들이 학교를 졸업할 때에는 취직환경이 아주 좋았으나, 성장논리가 지배하던 시절이었기 때문에 여가를 찾기보다는 일을 중심으로 살아가는 쪽이 더 많았다.

베이비붐세대는 자신들이 기성세대나 젊은 세대에 비해 적극적이지 못하다고 자평한다. 기성세대가 어린 시절에 6·25를 겪었고, 월남전에서 피를 흘렸으며, 중동건설에 뛰어들면서 매사를 '몸으로 때운' 거친 세대라는 점을 감안하면 베이비붐세대는 온실에서 자라온 편이라고 할 수 있다.

이러한 성장 과정이 베이비붐세대를 '얌전한 세대'로 보이게 하는 것이다. 386세대만 해도 젊을 때 IMF한파라는 거친 세파를 체험하며 세상이 그리 만만치 않다는 것을 배웠기 때문에 베이비붐세대처럼 방심하고 지내지는 않았기 때문이다.

베이비붐세대는 분단시대를 살아왔으되 분단 이전이나 분단 과정을 직접 체험하지 않았다는 의미에서 분단 이후 세대라고 할 수 있다. 이들은 성장과정에서 경험한 자신과 주변의 빈곤, 이들의 청소년기를 끝까지 따라다녔던 병영과 군사문화 속에서 분단과 냉전을 경험했다.

한편 베이비붐세대는 개발의 시기를 거치며 풍요의 시기를 맞보기도 했다. 병영, 군사문화, 냉전 그리고 건설과 경제성장의 시대는 일면으로는 정치적, 정신적 억압의 시대였으나, 다른 한편으로는 풍요의 시대라는 역설을 지닌 기묘한 시대였다. 이러한 역설은 이들의 사회정치의식이 가지고 있는 복잡성과 모호성을 상당 부분 설명해준다.[10]

베이비붐세대는 바로 그들의 존재가 가졌던 과도기적 혹은 이중적 성격으로 인해 근대화와 전통, 혹은 민족과 세계라는 가치관을 동시에 추구했다. 이들은 1950년대 중·후반부터 1960년대 초반에 출생한 세대로 유신독재와 고도의 경제성장, 5·18 광주민주화운동과 5공 시대를 거쳐, IMF경제위기를 겪은 '굴곡의 세대'이자 '위기의 세대'로 몰리고 있다.

베이비붐세대는 '이름 없는 세대'라고 불리기도 한다. 이 세대의 앞뒤 세대가 일제세대, 6·25세대, 5·18세대, 신세대, 386세대 등으로 불리는 데 반해 이 세대는 정확한 세대 이름을 갖지 못했기 때문이다. 다만 6·25전쟁 이후에 다수가 태어났다는 점에서 베이비붐세대라고 불리기도 하고, 1987년 민주화 항쟁 시절에 활약했던 6·29넥타이 부대, 그리고 386세대라는 명칭을 본떠 만든 475세대(1950년대에 태어나 1970년대에 대학을 다닌 40대)라고 불리기도 한다.

인터넷에 올라와 있는 어느 베이비붐세대의 독백처럼 '주산의 마지막 세대이자 컴맹의 제1세대, 부모님에게 무조건 순종했던 마지막 세대이자 아이들을 황제처럼 모시는 첫 세대, 부모를 제대로 모시지 못해 처와 부모 사이에서 방황하는 세대, 가족을 위해 밤새 일했건만 자식들로부터 함께 놀아주지 않는다고 따돌림 당하는 비운의 세대, 20여 년 월급쟁이 생활 끝에 길바닥으로 내몰린 구조조정 세대'인 이들은 이제 '퇴출세대'라고 불리기도 한다.

베이비붐세대 중에는 정치·사회적으로 대중적인 스타가 없다. 그것은 자칫 튀었다가는 위기감에 젖어 있는 국민들에게 비난받기 일쑤이던 시대의 산물이다. 학업보다는 군사독재와의 투쟁을 본업으로 삼다시피 하고 학우들의 전면적인 지원을 배경삼아 전투적인 학생운동을 했던 386세대에 비해, 베이비붐세대는 여건이 열악했기 때문이기도 하다. 최근에는 386세대 후배에게 국회의원 공천 자리를 양보해야 하는 신세가 되기도 한다. 오늘날 베이비붐세대는 선배인 4·19세대와 6·3세대, 더구나 후배인 386세대에 비해서도 제대로 평가받지 못했다고 각성하며, 386세대가 개혁의 전위대로 부상하고 있는 최근의 사회분위기 속에서 상대적 박탈감을 더욱 뼈저리게 느끼기도 한다.

베이비붐 세대의 생애사

'낀 세대'

베이비붐세대의 대부분은 유년시절에 대가족 내에서 사회화 과정을 겪으며 자라났고, 핵가족 제도의 선두에서 청장년시절을 맞이한 까닭에 전통과 혁신이라는 양면적인 가치관을 소유하고 있다. 그래서 이들은 부모에게 효도하고 노후에는 봉양해야 한다고 생각하지만 자신들은 자식에게 의지하지 않고 경제적 자립을 통해 부부끼리만 살겠다는 생각을 갖고 있으며, 그러기 위해서는 은퇴 후의 취미, 경제력, 생활대책 등 노후설계를 미리 해야 한다고 생각한다. 부모 부양의 의무를 고수하고 있는 마지막 세대이자 자신이 노년을 준비하지 않으면 안 되는 첫 세대가 바로 베이비붐세대인 것이다.

이들은 성장과정에서 국가, 조직, 이념, 질서를 존중하는 교육을 받았지만 개성과 인권, 생활의 다양성을 요구하는 세태 속에서 생활하고 있다. 학교에서 배운 민주주의와 달리 실제로는 권위주의적인 정치상황에서 자라난 베이비붐세대는 현실에 대한 비판의식이 강해 20, 30대의 진보론에 친화성을 보이면서도 현실을 인식하여 60대의 보수적인 입장을 지지하기도 한다.

통일에 관한 견해에서도 40대는 양면적인 입장을 보인다. 냉전 및 반공 이데올로기의 영향을 강하게 받았던 이 세대는 민주화와 탈냉전을 등식으로 인식하던 386세대의 진보적 정서와도 다소 거리가 있을 뿐만 아니라, 전쟁을 경험한 이전 세대가 갖는 철저한 주적主敵으로서의 북한관과도 일정한 거리를 유지하고 있기 때문이다.11)

세대갈등에 있어서도 위로는 이전 세대의 권위에 눌리고 아래로는 386세대의 기세에 밀려 명실 공히 '샌드위치 세대'로서의 좌절을 경험하고, 조직 안에서도 기성세대와 신세대 간의 단절을 중재하기 위한 연결고리로서 혼란과 갈등상황에 노출되는 경우가 많았다.

이들은 간혹 선배세대로부터 조직이나 집단에 대한 친화력이 낮고 개인 중심적이라는 말을 듣지만, 획일적인 교복과 단발로 학창 시절을 보냈기 때문에 오히려 후배세대들에 의해 권위적이고 보수적이며 창의성과 개성, 다양성이 부족한 기성세대로 편입당하기도 한다.

베이비붐세대 남성들은 대부분 '장남 콤플렉스'를 가지고 있다는 해석도 이와 같은 맥락에서 이해할 수 있다. 이들은 내 개성대로 살자니 부모님이 불쌍하고, 부모님만 생각하자니 내 인생이 불쌍하여 때로는 자신들 마음대로 살아가는 동생들이 무척 부러울지도 모른다는 것이다.

한편 베이비붐세대는 정치적으로는 4·19세대와 6·3세대로 표현되는 이념적으로 투철했던 기성세대와, 적극적인 행동으로 민주화를 주장했던 386세대 사이에서 강압에 억눌린 유신세대 혹은 긴급조치세대로 묘사되기도 한다.

확실히 베이비붐세대의 성장 과정을 중심으로 우리 사회에는 시대상황에 뚜렷한 획을 긋는 변화가 많았던 것도 사실이다. 유년기였던 1960년대에 빈곤의 시대를 지나왔고, 1970년대 청년기에 유신시대를 맞이한 베이비붐세대는 1980년대에 사회로 진출하면서 산업화가 가져온 경제적 풍요로움과 정치적 민주화의 열망 사이에서 갈등했다. 이후 1990년대에는 끊임없을 것이라 생각되었던 경제성장의 신화가 IMF위기로 이어지면서, 위로는 승진에 대한 불안과 해고 가능성에 직면했고 아래로는 신세대 후배들과의 정서적 단절로 이중고를 겪었다. 이 과정에서 베이비붐세대는 사회적 변화를 갈구하면서도 가정의 안정을 희구하는 이중 잣대를 갖게 되었으며, 이념적으로도 보수와 진보가 혼재된 세대라는 특징을 보인다.

한편 이러한 변화를 체험하며 살아온 베이비붐세대들은 앞으로 나서기보다는 관망하는 생활원리를 체득하고 있다. 이들은 사회에 이름을 내보이겠다는 영웅주의는 없지만 누구도 남보다 못하다고는 생각하지 않는 보통 사람들이다. 자신의 생활에 충실하겠다는 소박한 생활태도를 가진 사람들이 바로 베이비붐세대이다.

'H세대'의 샌드위치적인 속성도 베이비붐세대의 자화상을 잘 드러낸다. H세대란 살아 온 날과 살아갈 날이 비슷한 인생의 중간(Half)에 서 있는 세대로서, 기혼자라도 다시 반쪽(Half)이 되고 싶은 세대, IMF위기의 어려움(Hard)을 어느 누구보다 진하게 겪어낸 세대, 가정과 직장에 막중한(Heavy) 책임을 느끼는 세대, 컴퓨터·인터넷·외국어 회화 등을 미처 익히지 못해 복잡하고 분주한 머리(Head)에다 무엇인가에 쫓기듯 모든 일을 서둘러 성취하고자 조급(Hurry)해하지만 확실한 결정을 내리지 못하고 주저(Hesitate)하는 세대를 말한다. 이들은 또한 가정과 직장을 먼저 생각하고 남의 아픔을 함께 느낄 줄 아는 인간성(Humanity)이 풍부한 세대요, 그래도 세상은 살 만한 곳이라고 자위하면서 모두에게 희망(Hope)을 갖자고 외치는 세대이기도 하다.[12]

베이비붐세대의 이러한 샌드위치적 속성이 부정적인 것만은 아니다. 예컨대 베이비붐세대는 보수주의 성향이 강한 기성세대와 진보주의 성향이 강한 젊은 세대 사이의 갈등을 조정하는 역할을 잘 해낼 수 있을 것이기 때문이다.

베이비붐세대는 국가의 제도교육을 받은 한글세대로서 한

문세대와 컴퓨터세대를 잇는 다리 역할을 하고 있기도 하다. 정치적으로도 이 세대는 중요한 시기마다 캐스팅보트casting vote를 행사하고 있으며, 앞으로도 그 역할이 크게 기대된다. 이들은 성장과 분배, 이상과 현실 사이에서 어느 한 곳에 치우치지 않고 상황을 인식하고 대처할 수 있는 냉철함을 지니고 있기 때문이다.

입시지옥의 세대

수적으로 다수인 베이비붐세대는 '과밀과 과잉의 통과의례'를 거쳐 왔고, 이는 이들이 받았던 교육에서도 잘 나타난다. 입시에 실패하면 인생의 낙오자로 분류되는 사회풍조 속에서 이들은 치열한 경쟁을 치를 수밖에 없었다. 베이비붐세대는 어린 시절 새벽에 일찍 일어나는 것을 생활화했다. 이것은 밤에 공부하는 것보다 새벽에 공부하는 것이 더 좋다는 어른들의 충고에 따른 것으로 어른이 되어서도 이 습관은 쉽게 버리지 못하고 있다.

전쟁의 상흔은 어느 정도 사라졌지만 상이군인을 길에서 어렵지 않게 마주쳤던 시절이었기 때문에 "왜 우리나라에는 아픈 사람이 많을까?"라는 의문이 들었던 시대, 물자가 귀했던 시절인지라 몽당연필을 쓰는 것이 당연했고, 몽당연필도 당시에 시판되기 시작한 모나미 볼펜 몸통에 끼워 끝까지 사용했던 시대를 보냈던 덕분에 베이비붐세대는 어른이 된 지금까지도 물건을 쉽게 버리지 못한다. 물건을 아껴 쓰는 습관이 몸에 뱄기 때문이다.

또한 도시락 검열 때에는 친구들로부터 보리알을 빌려 쌀밥에 박아 넣으며 위기를 모면했던 세대, 난로에 도시락을 데우느라 교실을 온통 반찬 냄새로 채우고 때로는 중간 식사를 했다고 꾸지람을 듣던 베이비붐세대에게 학교 졸업식 때나 맛볼 수 있었던 '자장면'은 그 시절 최고의 음식이었다.

베이비붐세대는 1960년대의 콩나물 교실에서 초·중·고등 교육을 받았고 예비고사와 본고사를 치르고 대학에 입학했으며 유신체제 속에서 20대를 보냈다. 이들은 국민교육헌장을 외우고 유신 헌법을 공부하여 대학입시를 치르면서 박정희와 함께 자란 세대이다.

'콩나물 교실'은 베이비붐세대에게 잊혀지지 않는 기억으로 남아있다. 일반적으로 1960년대의 초등학교에서는 오전 수업과 오후 수업을 교대로 진행하는 2부제 수업이 진행되었고, 일부 학교에서는 3부제 수업이 진행되기도 했다. 학교 시설에 비해 늘어나는 학생 수를 감당할 수 없어 도입한 2부제, 3부제 수업은 한 학급당 학생 수가 70명을 넘는, 이른바 '콩나물 교실'과 함께 1960년대 한국 교육의 현장을 잘 보여주는 단면이다.

베이비붐세대는 대부분 중학교 입학시험을 치르기 위해 밤낮을 가리지 않고 공부한 기억을 지니고 있다. 베이비붐세대 당사자뿐만 아니라 그 부모들도 '일류 중학교에 입학하는 것이 일생을 좌우한다.'는 믿음을 강하게 지니고 있었다. 이처럼 자녀에 대한 과도한 기대는 치맛바람과 함께 과외열풍을 가져왔다.

치맛바람은 아마도 어려웠던 시절을 어느 정도 벗어난 부모들의 자녀들에 대한 관심이 증대하면서 '내 아이만큼은 잘돼야 하고, 그러기 위해서는 학교에서 내 아이를 특별히 잘 봐줘야 한다.'는 생각에서 나온 것으로 보인다. 이 시기에 강하게 불었던 치맛바람은 이후 중학교 무시험제 실시로 약화되기는 했으나 우리의 교육 현장에서 쉽게 사라지지는 않았다.

학교에서의 교육 외에 별도로 받는 수업을 뜻하는 '과외 공부' 역시 입시전쟁에서 승리하기 위해서는 반드시 택해야 하는 필수과목으로 자리 잡았다. 어린이들은 방과 후 서너 시간씩 계속되는 강도 높은 과외수업을 아무런 불평 없이 당연한 것으로 받아들였다. 베이비붐세대는 자유롭게 뛰어놀고 상상력을 마음껏 펼쳐야 할 시기에 국어, 산수, 사회, 자연, 예능 그리고 체력장까지 입시 준비를 위해 모든 과목을 학습해야 했다.

어린이들의 입시전쟁 준비는 처절했다. 몰려오는 잠을 이기기 위해 눈에 안티프라민을 바르거나 잠을 이겨내는 약을 복용하기도 했다. 아마 베이비붐세대는 졸음을 이기게 해준다는 '타이밍'이라는 약을 한두 번 복용해본 경험이 있으리라.

모든 교과서의 내용을 통째로 암기하지 않으면 좋은 성적을 받기 힘든 상황에서 아이들의 암기력은 놀랄 정도로 향상

되었다. 완벽한 암기를 위해 다양한 방법들이 사용되었는데, 멀쩡한 책에 까만 색연필로 중요한 단어들을 지우고 암기하기 시작하다가 결국에는 1~2쪽 정도는 통째로 외워버리는 경지에 도달하였다. 이때 외운 노래 가사와 계명, 음표 등은 지금까지도 생생하게 기억할 수 있을 정도이다.

암기력과 계산력 그리고 훈련된 판단력의 결과인 시험 성적에 따라 이들은 중학교에 입학하였다. 총점 200점 만점에 한 개 틀리면 경기 중학교, 두 개 틀리면 서울 중학교, 그리고 세 개 틀리면 경복 중학교에 간다고 할 정도로 시험 점수는 높았다. 이른바 커트라인이라는 것이 이렇게 높았던 이유는 시험 문제가 쉬웠다기보다는 학생들의 시험에 대한 준비가 철저했기 때문이었던 것으로 이해할 수 있다.

명문 중학교만 있었던 것은 아니다. 일류 중학교 입학률이 높은 초등학교도 이미 서열화가 되어 있었다. 당시 덕수, 혜화, 수송 초등학교 등은 공립학교로 명성을 떨쳤으며, 이에 맞서 경복, 리라, 은석 초등학교 등 사립학교도 일류 중학교 입학 경쟁에 뛰어들었다. 그야말로 중학교 입학시험은 입시전쟁 그 자체였고 베이비붐세대는 이 전쟁을 뼈저리게 체험했다. 4시간 자면 합격하고 5시간 자면 떨어진다는 '4당 5락'을 굳게 믿고 총력전을 편 세대가 바로 이들인 것이다. 베이비붐세대는 한창 재기 발랄하고 활기차게 지내야할 시기에 무거운 책가방을 들고 새벽별 보며 등교하고, 방과 후 과외 수업을 마친 후에야 하루를 마감할 수 있었던 세대이다.

　물론 베이비붐세대 모두가 이러한 중학교 입시전쟁을 치른 것은 아니다. 베이비붐세대의 후반 세대 중 1956년생이 중학교에 입학하는 1969년부터 중학교 무시험제가 도입되었기 때문이다. 중학교 무시험제의 도입으로 일단 일류 중학교와 일류 초등학교가 사라지게 되었고, 과외 열풍과 치맛바람도 고개를 숙였다. 이제 적어도 초등학교 시절부터 입시전쟁에 뛰어들 필요는 없어진 것이다.

　그러나 중학교 무시험제의 도입으로 베이비붐세대의 입시전쟁이 끝난 것은 아니었다. 약간의 휴식 기간을 가진 후 이들은 다시 명문 고등학교에 입학하기 위한 준비에 뛰어들어야 했기 때문이다. 베이비붐세대의 일부는 동일계 고등학교 진학으로 입시에 얽매이지 않고 중학교 시절을 비교적 편하게 보낼 수 있었으나, 대부분은 일류 고등학교에 진학하기 위한 전투를 하지 않으면 안 되었다. 명문고 입학을 위한 그들의 전투는 적어도 고등학교 무시험제가 전면적으로 도입되기 전까지 계속되었다.

　베이비붐세대에게 고등학교는 그 어느 세대보다 중요하다. 이들은 유명한 고등학교를 졸업한 것을 자랑스럽게 여기며, 고등학교 동문회가 그 어느 모임보다도 활성화되어 있는 경우가 많다. 인간의 사회화 과정에서 고등학교 시절의 친구가 그 어느 시기에 맺어진 친구보다 중요하다는 말처럼, 고등학교 시절의 교우관계는 이들이 사회에 나아가서도 그 중요성을 잃지 않고 오히려 더 중요한 역할을 담당해오곤 했다.

아직도 특정 지역에서는 특정 고등학교 출신이라야 행세를 할 수 있다는 인식이 강한 것도 이와 같은 맥락에서 이해할 수 있다. 기업이나 정치권에서도 인사이동 시기가 되면, 언론에서 인물의 출신 대학뿐만 아니라 고등학교까지 밝히는 경우가 많다. 또한 특정 고등학교 출신이 특정 부서를 장악하고 있다거나 특정 인물이 고위층과 고등학교 동창이어서 발탁되었다는 소문이나 기사는 우리 사회에서 학연, 그중에서도 고등학교 학맥이 얼마나 중요한지를 잘 보여주는 사례이다.

베이비붐세대는 이러한 고등학교 학맥의 중요성을 깨닫고 이를 잘 유지하려고 노력하는 마지막 세대이다. 왜냐하면 고등학교 입학시험이 과열되는 것을 막기 위해 1958년생이 고등학교에 입학하는 1971년부터 고등학교 무시험제가 일부 지방을 제외하고는 전면적으로 실시되었기 때문이다. 고등학교 무시험제의 실시로 기존의 일류 고등학교는 더 이상 그 명성을 유지할 수 없었고, 이 명성은 이후 명문대 진학률이 높은 고등학교와 과학고, 외국어고 등에게 돌아갔다. 그러나 이렇게 새로이 만들어진 명문 고등학교는 예전의 명문 고등학교가 누리던 명성과는 그 성격을 달리한다. 그렇기 때문에 베이비붐세대 중에서도 무시험제로 고등학교에 입학한 세대는 고등학교에 대해 그 이전 세대와는 상이한 이미지를 가지고 있다.

베이비붐세대 중 전반 세대가 자신이 졸업한 고등학교에 대한 정체성을 뚜렷이 지니고 동문회에도 적극적으로 참여하는 데 반해, 후반 세대는 그러한 정체성을 거의 지니고 있지 않으며 동문회 참여에도 소극적인 자세를 보인다. 고등학교 동창을 중심으로 한 사회적 연계망의 의미가 남다른 한국 사회에서, 입시제도 하의 명문고교 출신과 무시험제도 하의 명문고교 출신 사이에 빚어졌던 갈등은 바로 이러한 차이에서 비롯된 것으로 볼 수 있다.

한편 대학 입시에 실패하면 인생의 낙오자로 분류되는 사회 분위기 속에서 자란 베이비붐세대는, 그 어느 세대보다 자녀 교육을 위해서라면 투자를 아끼지 않는 성향을 강하게 지니고 있다. 1990년대 후반부터 불기 시작한 조기유학 붐은 바로 베이비붐세대의 자녀들이 학령기에 접어든 시기에 본격화되었으며, 베이비붐세대가 '기러기 아빠'의 가장 큰 비중을 차지한다는 것도 같은 맥락에서 이해할 수 있다.

국민교육헌장·교련·유신 세대

베이비붐세대가 중학교에 올라갈 무렵 '국민교육헌장'이 발표되자 학생들은 모두 이 헌장을 통째로 외워야 했다. 국민교육헌장에 관한 문제는 학교 시험뿐만 아니라 각종 시험의 단골 메뉴였다. 이들은 아직도 머리 속을 맴도는 "우리는 민족중흥의 역사적 사명을 띠고 이 땅에 태어났다. (중략) 조상의 빛난 얼을 오늘에 되살려 (중략) 민족의 슬기를 모아 줄기찬 노력으로 새 역사를 창조하자."는 내용은 물론이고 마지막의 "1969년 12월 5일 대통령 박정희"까지 전문 393자를 몽땅 외우고 그 뜻을 헤아려야 했다.

고등학교에 올라가자 학도호국단이라는 게 기다리고 있었다. 학도호국단의 출범으로 학생들은 의무적으로 교련 과목을 이수해야 했다. 남학생들은 교련복, 각반, 버클, 모형소총을 준비하고 여학생들은 하얀 체육복에 구급낭을 어깨에 메고 매주 조회 시간에 사열과 분열을 했다. 휴일에 슈퍼에 갈 때나 대학 방학 동안 건설 현장에서 일할 때 편하게 입었던 개구리 무늬의 교련복은 당시 베이비붐세대가 군복에 검정색 물감을 들인 작업복과 함께 즐겨 입었던 옷이다.

당시의 고등학생들은 학생인 동시에 군인이었다. 학교도 군대 조직으로 편성돼 1학급씩 하나의 소대가 됐고, 한 학년은 하나의 대대가 되었다. 전교생은 연대 병력을 이루었고, 덩치 좋고 목청 큰 학생들은 학생 연대장, 대대장, 중대장으로 뽑혔다. 그리고 이들은 제식훈련과 총검술을 익혀야 했으며, 비 오는 날에도 맨땅을 기었고, 교련 검열 때에는 눈 감고 1분 안에 M1 소총을 척척 분해·조립해야 했다.

대학교도 병영이었다. 대학에서 교련은 1주일에 4시간씩 이수해야 하는 필수과목이었다. 학번에 따라 차이가 있기는 하지만 당시의 대학생들은 머리를 박박 밀고 문무대라는 곳으로 군사훈련을 가야 했다. 이를 거부하면 곧바로 학적이 변동되고 군대로 끌려가게 되어 뿌리칠 수도 없었다. 뿐만 아니라, 국군의 날 행사에 동원되는 학교로 선택되면 한 달 이상을 여의도 광장 땡볕에서 픽픽 쓰러져 가며 사열 및 분열 연습을 하다가 비원 앞까지 군사 퍼레이드를 해야 했다.

베이비붐세대가 청년 시절에 경험한 가장 중요한 사건은 1972년부터 시작된 '유신시대의 개막'이라고 할 수 있다. 베이비붐세대는 긴급조치에서부터 대중가요 금지에 이르기까지 다양한 형태로 구사되었던 독재정권의 횡포를 지켜보면서 울분을 키워나갔다.

베이비붐세대는 장기집권의 유신시대에 국민의 의식을 한데 모으기 위해 추진된 새마을운동을 잘 기억하고 있다. 1971년에 제창된 새마을운동은 조국근대화라는 기치 아래 근면·자조·협동의 정신으로 국민 개개의 생활 향상은 물론 국가의 발전과 중흥을 이룩하려는 사회혁신운동을 가리켰다. 농촌, 도시, 학교, 공장을 불문하고 전국적으로 일어난 새마을운동은 "초가집도 없애고 마을길도 넓히자."는 노래와 함께 나름대로의 성과를 거두었지만 부작용도 많았다. 민간주도가 아닌 관주도로 진행되는 과정에서 국민들의 자발적인 참여보다는 정부의 적극적인 개입에 의한 강제성이 강했기 때문이었다.

한편 유신시대를 통해 절대빈곤은 해결되었지만 날로 심화되어 가는 상대적 빈부의 격차와 장기집권에 따른 정치적 부작용 및 국민들의 민주화 요구로 국민의 지지가 약화되자 유신 정권은 '긴급조치' 발동으로 정권을 유지해갔다.

박정희 정권의 독재는 긴급조치 시대에 절정에 달했다. 특히 1974년 4월에 공표된 긴급조치 9호는 헌법에 대한 논의 자체를 금지한 '산천이 떠는 법률'이었다. 유신 체제를 공고히

하기 위해 취해진 긴급조치 9호는 정계와 국민의 여론을 완전히 봉합해 버렸다. "일체의 유언비어 날조 및 헌법비난 행위의 금지, 학생집회 및 시위의 금지" 등의 조항도 따라붙었다. 긴급조치 9호는 그간 공표된 긴급조치의 모든 반민주성을 포함한 긴급조치의 결정판이었다.

바로 이 시기에 베이비붐세대는 대학을 다니면서 독재정권의 횡포를 지켜봐야만 했다. 당시 학생운동권은 유신 정권의 탄압에 의해 지하로 숨어들었다. 칼 마르크스의 원전을 읽으면 빨갱이로 몰리는 시절, 정권에 대해 비판적 견해를 밝히면 쥐도 새도 모르게 잡혀가는 시절을 견뎌내기 힘들었기 때문이다.

학생운동에 신경질적인 반응을 보였던 유신 정권은 대학 및 학생들에 대한 사찰을 강화하여 시위의 발생을 막았다. 정보요원이 대학에 상주하며 감시를 게을리 하지 않았을 뿐 아니라 시위 발생을 막기 위해 시위를 주도할 만한 학생들은 아예 격리시키는 방법을 사용하기도 했다. 학기 초만 되면 학회장이나 서클 대표들, 이른바 시위를 주동할 만한 학생들 대부분의 행방이 묘연한 것이 일반적이었다. 그럼에도 불구하고 시위가 발생하면 경찰 병력을 아예 학교 교정으로 투입하여 진압하는 등 유신 정권의 폭압 정치에 베이비붐세대는 기를 펼 수가 없었다.

베이비붐세대에게는 사회 곳곳에 스며든 유신독재의 살기로 인해 억눌림과 강요된 침묵이 판치던 1970년대의 웃지 못할 무수한 풍경들이 각인돼 있다. 당시 청년기의 베이비붐세대에게는 청바지와 통기타, 생맥주가 유일한 도피처였다.

낭만의 세대

베이비붐세대가 20대의 청춘을 구가하던 1970년대는 생활의 질이 급격히 향상되기 시작한 시대였다. 1970년에 컬러필름과 화장지가 등장했고, 경부고속도로가 개통되었다. 1974년에는 서울지하철 1호선이 개통되었다. 1975년에는 용평스키장이, 1976년에는 용인 자연농원이 문을 열었다. 그리고 1979년에는 패스트푸드점이 처음으로 등장했다.

이 시대의 젊은이들 사이에서는 청바지, 통기타, 생맥주, 장발 그리고 미니스커트가 유행했다. 같은 세대는 아니었지만 양희은, 송창식으로 대표되는 이른바 통기타 가수들에게 열광하고, 영화 「별들의 고향」과 「바보들의 행진」에 열광했던 세대가 바로 지금의 베이비붐세대였다.

'아침이슬'은 이들이 젊은 시절에 가장 사랑했던 노래였다. "긴 밤 지새우고 풀잎마다 맺힌……" 젊은이들의 입에서 조용히 흘러나오는 '아침이슬'은 1970년대 말과 1980년대 초의 시위현장이나 동아리 MT에서 분위기를 돋우는 데 안성맞춤이었다. '아침이슬'의 역정에는 1970~1980년대의 역사가 담겨있다. 낮고 장중하게 시작되는 노래풍 덕분에 시위의 신호탄으로 애용됐으며, 1980년대 중반에 전투적인 행진곡풍으로 대체되기까지 '아침이슬'은 대학가의 대표곡으로 자리 잡았다.

1977년부터 시작된 MBC대학가요제도 베이비붐세대의 문화를 대변한다. 문화적 억압기에 대학가요제는 문화의 분출구 기능을 했다. 1977년 샌드페블즈의 '나 어떡해', 1978년 썰물의 '밀려오는 파도소리에', 1979년 김학래와 임철우의 '내가' 등 대상을 받은 곡들은 모두 대학가에서 애창곡으로 불렸다. 이러한 노래들은 최근 중년세대를 위한 7080콘서트에서도 당시의 향수를 자극하는 데 가장 효과적으로 불리고 있다.

그러나 당시의 대학문화가 대중문화로 발전하기에는 한계가 있었으니, 바로 독재 정권의 문화억압 정책 때문이었다. 금지곡 리스트는 저항적 풍토의 대학가에 급속히 확산됐던 반면 대중에게로의 보급은 철저히 차단되었다. 여기에 1970년대 후반의 마리화나 사건으로 인해 많은 가수들이 대중들 앞에 서지 못하는 등 대중문화는 커다란 타격을 입었다.

이들의 문화는 60대 기성세대의 것과는 다르다. 한국전쟁 이전에 태어난 기성세대의 문화는 슬픈 정서를 담고 있는 데 반해 베이비붐세대의 문화에는 저항적 정서가 깔려 있다. 이는 베이비붐세대가 경제적 팽창에도 불구하고 문화적 억압기에 살았기 때문이다. 팝송을 듣고 통기타 가수들의 노래를 즐기고 장발이 유행한 시대인 동시에 국가에서 장발 단속을 하던 그 시대는 분명 억압의 시대였다. 길을 가다가 장발이라고 경찰에 끌려가 머리카락을 가위로 잘린다고 생각해 보라. 미니스커트가 너무 짧아 미풍양속을 해친다는 이유로 공권력에 의해 제재를 받는다고 생각해 보라. 지금은 상상할 수도 없는

이런 일이 당시에는 우리의 일상사를 지배하는 등 다양성이라
는 것이 존재하지 않았던 시대였다.

덕분에 베이비붐세대가 유일하게 공유하는 것은 술 문화이
다. 그때는 두 명만 모여도 말을 조심해야 되는 시절이었고 마
땅히 놀 만한 공간도 없었으니, 모이기만 하면 술을 마시고 술
의 힘을 빌어서 이야기에 심취했다. 따라서 이들에게는 술을
마시고 즐기는 것이 보편화되어 있다. 윗사람들과 마시고, 아
랫사람들과도 마시며, 동기들과도 마시고, 또 거래처 사람도
만나면 술을 마셔야 하는 등 일주일 내내 술을 마신다.

술에 대한 베이비붐세대와 젊은 세대의 태도는 확연히 다
르다. 회사에서 회식이나 술자리가 있다고 하면 베이비붐세대
는 으레 가야 되는 것으로 알고 따라가는데 반해, 젊은 세대는
가기 싫거나 약속이 있으면 가지 않는다. 베이비붐세대는 그
런 의미에서 사람들을 만나면 술을 마시는 것을 당연하게 여
기는 마지막 세대인지도 모른다.

청바지문화의 주역 세대

우리나라에 청바지가 도입된 것은 1950년대였던 것으로 추
정된다. 당시 청바지는 서양의 괴상한 옷, 예의에 어긋나는 옷,
특히 '내놓은 아이들'만이 입는 옷으로 여겨졌다. 1970년대
전후세대가 대학생으로 자랐을 무렵에도 청바지는 건방지고
불량한 사람들이 입는 옷으로 인식되었으나, 한편으로는 유신

과 독재정부에 강력하게 반발하는 젊은이들의 상징이 되기도 했다. 기성세대의 안일한 태도에 반항하고 옳지 않은 정책에 저항하는 젊은이들을 상징하는 청바지와 통기타는 베이비붐세대가 결코 잊지 못하는 추억이 어린 물건이다.

장발 차림에 값싼 청바지를 입고 광화문이나 종로 거리에 있는 생맥주 집에 모여서 젊은 무명가수들의 통기타 노래를 들으며 젊음을 한껏 공감했던 기억은 베이비붐세대라면 누구나 가지고 있다. 당시 젊은이들 중 청바지가 없거나 통기타를 칠 줄 모르는 사람은 없었다고 할 만큼 파격적인 유행을 불러일으켰던 1970년대 후반의 청년문화는 통기타, 생맥주, 또는 청바지문화라 불리기도 했다.

이것을 단순한 일회성 유행이나 미국 히피문화의 모방 정도로 일축할 수는 없다. 왜냐하면 당시의 청년문화는 통제와 획일성을 강요하는 정치상황과 사회가치, 인습에 대한 독자적인 대항문화로서 몰개성을 거부하고 자신들의 목소리를 주장했던 최초의 계층적 움직임인 동시에, 성인 중심의 사회문화를 젊은 세대 중심으로 전환시켰던 세대교체의 모티브로서 중대한 의미도 가지고 있기 때문이다. 이러한 청년문화는 「바보들의 행진」처럼 새로운 테마를 담은 영화의 히트, 대학가요제의 대인기, 개그라는 새로운 장르의 등장 등 방송계의 새로운 변화를 가져왔다. 또한 미혼여성 전문 잡지도 다수 창간되는 등 젊은 세대의 존재는 비로소 문화와 소비의 리더로 인정과 주목을 받게 되었다.

베이비붐세대는 젊은 세대의 첨단적인 문화나 유행의 조류를 스스로 행동화하지는 못하더라도, 젊은 세대를 인정하고 받아들이는 데에는 조금도 인색하지 않다. 베이비붐세대의 청바지문화 체험은 아직까지도 이들로 하여금 스스로를 기성세대와 구별되는 다른 세대라고 생각하게끔 영향력을 행사하고 있는지도 모른다.

퇴출의 세대

베이비붐세대를 잘 나타내는 키워드 중의 하나는 '평범'이다. 어디서든 튀지 않아야 한다는 생각을 가슴 깊이 가지고 있는 이 세대의 삶은 평범함 그 자체였다. 고도의 성장기에 직장생활을 시작한 이 세대는 평생직장의 개념 속에서 큰 어려움 없이 살아갈 수 있었다. 때가 되면 승진을 했고, 수입도 큰 부족함이 없었다. 주말이면 외식을 즐길 수 있었고, 열심히 저축한 돈으로 아파트도 한 채 마련할 수 있었다.

그러나 1997년 IMF외환위기는 베이비붐세대에 치명적인 영향을 미쳤다. 당시 30대 후반에서 40대 초반이었던 이들은 혹독한 IMF관리체제하에서 가장으로서 경제적 기반을 마련하지 못한 채 직장을 떠나야 했다. 명예퇴직 등 예상하지 못한 변화를 갑자기 경험한 이들은 큰 혼란을 겪었다. 젊은 시절 나름대로 열심히 살아왔다고 자부하던 이들을 사회가 인정하지 않고 다음 세대를 선호하자 억울한 생각이 들기도 했다. 한 베이비붐세대의 독백처럼 이들은 외환위기를 겪으며 스스로 평가한 '자신'과 사회가 평가한 '자신' 간의 엄청난 괴리를 경험하게 되었다.

퇴직은 무엇보다도 경제적인 어려움을 가져왔다. 이들은 부모 세대의 부양은 물론 자신들의 노후와 자녀 교육을 동시에 준비해야 하는 삼중고를 안고 있기 때문이다. '다가오는 고령화 사회에서 가장 고통 받는 세대는 아마도 베이비붐세대일 것'이라는 전망도 있다. 그들은 그동안 부모 부양과 차세대 교육을 동시에 책임져야 하는 부담 속에서 자신의 노후를 대비하기 위한 여유를 가질 수 없었기 때문이다. 특히 평균수명은 지속적으로 증가하고 있는 데 반해 일찍 직장을 그만두어야 하는 상황은, 노후가 전혀 준비되어 있지 않은 이들의 노년을 우울하게 만들고 있다.

베이비붐세대의 위기는 정서적인 측면에서도 뚜렷이 나타난다. 즉, 고용과 노후 불안으로 인한 스트레스와 가족해체현상 등으로 인한 '정신적 공황'을 호소하는 중년들이 증가하고 있는 것이다. 게다가 이유 없이 쫓기는 듯한 불안감과 공허감을 호소하는 중년들이 갈수록 늘고 있다는 소식도 심심치 않게 들린다.

베이비붐세대의 라이프스타일

생활의 무게중심을 가정으로

베이비붐세대는 기성세대와는 질적으로 다른 가치관과 새로운 생활문화를 보여주었는데, 이들이 지향한 생활양식의 특징은 바로 기성세대와 베이비붐세대를 가름하는 가장 중요한 변수가 되었다.[13]

기성세대는 근면과 절제를 생활의 덕목으로 삼아 직장생활에 있어서도 연장근무와 휴일근무, 일과 후 업무 등 장시간 노동이라는 자기희생을 감수해야 했고, 벌어들인 소득에 대해서도 되도록 소비를 줄이고 미래를 위해 저축하는 것이 보편적인 생활방식이었다.

그러나 베이비붐세대는 기성세대와는 기본적으로 다른 라이프스타일을 보인다. 가족 간의 대화나 가족을 연결하는 고리의 필요성을 절감한 이들은 생활의 무게중심을 서서히 가정으로 옮겼다. 일은 열심히 하되 가능한 한 일찍 귀가하여 가족과 함께 시간을 공유하고, 아무리 바쁜 일이 있더라도 주말만큼은 가족과 함께 지내야 한다고 생각하는 것이 베이비붐세대가 갖는 뚜렷한 특성이다.

비록 맞벌이부부가 증가하기는 했으나, 가족과 함께 하는 시간만큼은 무엇보다 철저히 지키려는 데에서도 가족에 대한 이들의 인식을 엿볼 수 있다. 베이비붐세대는 다른 세대에 비해 타인과의 교제보다 가족에 대한 배려를 우선으로 하고, 가족여행을 위해 휴가를 사용하려는 경향이 강하다. 요컨대 구체적인 일상의 행동이나 의식의 규범이 가정과 가족이라는 차원에서 출발하는 것이 베이비붐세대의 가치관을 이루고 있는 '뉴 마이홈주의'의 본질이라고 할 수 있다.

기성세대인 아버지들이 직장에서 빨리 승진하고 경제적인 뒷받침을 잘하는 것을 성공의 척도로 인식하였던 반면, 베이비붐세대인 아빠들은 사회적 성공을 위해 밤늦도록 일에 몰두하는 것에 큰 가치를 두지 않는다.

베이비붐세대는 인생에 있어 중요한 가치가 '가정의 화목과 단란함'이라고 믿고 있다. 이들은 예전처럼 가정을 직장에서 생긴 피로나 스트레스를 푸는 안식처로 생각하여 휴일이면 집에서 수면을 취하면서 쉬려는 것이 아니라, 여행이나 외식,

명승지 탐방을 하는 등 여가를 활용하는 계획을 세워 가족과 함께 즐기기 위한 노력과 투자를 아끼지 않는다.

가족을 중시하는 베이비붐세대의 특성은 여가활동의 단위가 가족중심이라는 점에서도 잘 드러난다. 기성세대의 여가활동이 바둑, 낚시, 골프 등 개인적인 취미활동의 성격을 띠고 있거나 직장 내 체육대회나 단체여행과 같이 집단적 친목활동이었던 것에 비해, 베이비붐세대는 낚시를 하더라도 가족을 동반하고, 이들을 위한 체육대회에서는 가족을 참여시키는 프로그램이 필수적이다. 뿐만 아니라 베이비붐세대는 가족끼리 동일한 유니폼을 입고 등산을 하거나 노래방을 함께 찾는 등 가족 간의 유대를 위한 여가방법도 다양하게 개발하고 있다.

베이비붐세대에게 있어서 여가생활의 기본 단위는 가족이며, 가족의 화목은 여가생활의 목표이다. 자기 집은 없더라도 가족과 함께 여가를 보내기 위한 승용차는 필요하다는 생각에서 비롯된 자동차 구입 붐은 가히 폭발적이었다. 이처럼 베이비붐세대는 시간이 주어지면 가족과 함께 어디든 가서 무엇인가를 해야만 마음이 평안해지는 세대이다.

페미니즘 시대를 선언

남성과 여성에 대한 베이비붐세대의 인식은 이전 세대와 크게 다르다. 이전 세대에서는 전통적인 유교적 가치관에 입각한 남성 우위의 가치관과 생활스타일이 지배적이었다고 한다면, 베이비붐세대는 여성이 최초로 남성과 동등한 권리와 대우를 주장하기 시작한 세대라고 할 수 있다.

경제적인 면에 있어서도 이들은 부를 축적하고자 하는 욕구보다는 자아실현이나 자기발전 욕구를 충족하고자 하는 성향이 강했다. 일부 여성들은 결혼적령기에 접어들면서 '결혼과 동시에 직장에서 물러나야 한다'는 규정이나 관행 혹은 사회분위기를 극복하고 결혼 후에도 계속 근무하기 시작했고, 이미 퇴직한 주부들도 시간제 고용 형태로 재취업하려는 경향이 두드러지게 나타났다. 베이비붐세대는 이처럼 여성이 결혼이나 가정을 포기하지 않고도 일할 의사만 있으면 평생직장을 골라 일하며 보람을 느낄 수 있는 시대를 선도하기 시작했다.

여성의 지위나 권위에 대한 의식의 진전과 사회참여의 증대에 따라 주부로서의 역할 개념을 새롭게 바꾸기 시작한 것도 바로 베이비붐세대라고 할 수 있다. 이전 세대의 여성들은 주로 전업주부로서 시부모를 공양하고 남편을 내조하며 자녀 양육을 책임지는 훌륭한 며느리이자 아내이자 어머니의 역할에 충실한 것을 미덕으로 생각했으나, 베이비붐세대의 여성들은 가족 간의 협력적 관계를 바탕으로 하는 가사의 기능적 분담이 더욱 바람직하다고 생각했다. 이러한 의식의 변화로 인해, 당연히 가정주부가 맡아야 하는 것으로 여겨졌던 가사나 육아의 영역에서도 남편들의 참여도가 급증했다.

베이비붐세대의 여성들은 남편이 유능한 직장인이자 가정적인 남편이자 아버지가 되어주기를 희망한다. 아내들도 종전의 슈퍼우먼증후군과 더불어 새로운 가족상에서 요구되는 동료 같은 아내가 되기 위해서는 한가할 수가 없다. 이들은 자녀 수의 감소와 가사노동을 대폭 덜어주는 가정용품의 발달 등으로 인해 이전 세대보다 여유로워진 시간을 이용하여 책을 읽고 학원에 다니며 자기개발에 적극적이다. 일터 중심의 문화에서 가정과 가족의 의미를 다시 부각시키고, 사회생활과 가정생활의 양립을 도모하는 바쁜 부부의 모습이 베이비붐세대 부부의 전형적인 모습이라고 할 수 있다.

페미니즘의 시대에 두드러지게 나타나는 현상으로는 이혼의 증가를 들 수 있다. 이는 베이비붐세대 여성이 결혼을 하기 시작했던 1980년 이후에 이혼이 현격히 증가했다는 통계자료에서 잘 드러난다. 이처럼 이혼이 증가하는 근본적인 이유는 여성에 대한 교육 및 취업기회의 확대로 여성의 사회적, 경제적 독립이 가능해져 남녀가 진정한 의미의 평등관계로 발전하고 있다는 점에서 찾을 수 있다.

이혼의 사유도 시사하는 바가 크다. 종래에는 '배우자 부정'이 가장 큰 사유였지만, 1980년대에 들어서는 자존심에 관한 문제, 남자의 무능력과 성격 차이, 외도의 순서로 바뀌었다. 실제로도 여성 쪽에서 이혼을 청구하는 비율이 월등히 높으며 남편은 대부분 이에 반대하다가 재판이혼으로 결판나게 되는, 이른바 '이혼당하는 남편'이 증가했다. 이는 결혼을 숙명으로 여기고 이혼에 대해 언급하지도 못했던 과거의 사회적 인식이나 이혼한 여자를 바라보는 부당한 편견이 베이비붐세대에게는 상당히 다른 모습으로 수용되고 있다는 것을 의미한다.

여가를 생활의 중심으로

사람들은 베이비붐세대를 일컬어 '놀기 좋아하는 평범한 사람들'이라고 표현했으며, 이들 스스로도 이러한 표현에 수긍했다. 1960~1970년대의 고도성장기에 국가나 회사의 발전이 곧 자신의 발전이라는 신념으로 조직을 위해 몸 바쳐온 '일벌레 세대'에게 베이비붐세대의 모습은 미래를 생각하지 못하고 현실에 안주하는 여치형 인간으로 보였다.

그러나 다른 한편으로, 베이비붐세대는 '여가생활의 새로운 의미를 발견하고 자신의 인생을 관리하기 시작한 첫 세대'라는 점에 의미를 부여할 수 있다. 베이비붐세대는 개인적인 행복과 안정의 추구야말로 경제적인 부나 사회적인 명성에 앞서는 것이며, 자신이 도달해야할 궁극적인 인생의 목표라고 주장한다. 이들에게는 생활의 여유와 정신적인 풍요로움을 향유하기 위한 여가생활이 중요한 생활변수로 등장하게 되었다.

일과 여가, 조직과 개인 사이의 적절한 균형과 조화를 중요시하는 베이비붐세대는 일을 하고 남는 시간에 여가를 보내는 것이 아니라, 여가생활을 위하여 적극적으로 시간을 관리하고 창조하여 여가중심 문화로의 전환을 주도했다. 이들은 출퇴근 시간 전후에는 수영이나 테니스 등 체력단련에 시간을 보내고 휴일이면 가족과 함께 외식이나 여행을 즐긴다.

중년의 내일을 위하여

　한국의 중년세대는 '소외된 그림자 세대'로서 '사오정' '낀 세대' '철도 들기 전에 망령 난 세대' 등 패배적이고 자조적인 명칭을 부여받았다. 이들은 사회적으로 역할 부담이 가장 크면서도 경제적 위기와 아래 세대의 도전을 받는, 끼어 있는 전환기 세대로서 '우울한 세대'라고도 할 수 있다.

　그러나 이제는 중년세대도 자리매김이 필요한 때이다. 이들은 60대 이상 기성세대와 20, 30대 젊은 세대 사이의 가교 역할이라는 중대한 사명감을 지닌 세대임과 동시에, 생의 중간에 서서 자신의 지난 모습을 성찰하고 앞으로의 원숙한 삶을 꿈꾸는 시기의 세대이기도 하기 때문이다.

　사실 '중년세대 제자리 찾기' 운동이라도 해야 할 만큼 우리나라의 중년세대는 위축되어 있다. 여러 설문조사에서 나타나듯이 중년세대는 스스로를 '불행한 세대'로 생각하는 경향이 많다. 또한 중년세대들은 그 시기에 일반적으로 찾아오는 심리적인 갈등과 신체적 변화와 함께 대량실업사태, 낯설기만 한 인터넷이나 벤처산업의 등장 같은 급격한 사회적 변화 속에서 방황하고 있다.

그러나 절망할 필요는 없다. 어느 사회에서나 중추적인 역할을 해왔던 것은 중년세대라는 측면에서, 그들은 오늘날 한국 사회의 새로운 질서를 만들어야 하는 책임을 지닌다. 우리 사회의 중년세대는 원초적 열정, 맏아들의 책임감, 고난의 체험, 균형 감각, 그리고 가족과 휴식이 불러오는 새로운 선순환을 누구보다 가슴 저리게 깨달은 사람들이다. 이들은 또한 새로운 문화를 받아들이는 데 주저하지 않는 감수성과 유연성을 충분히 갖춘 우리 사회 발전의 원동력이다. 우리 사회에서 유일하게 카오스를 제대로 컨트롤할 수 있는 능력을 갖춘 세대가 바로 이들이기 때문이다.[14]

최근에는 중년세대 중에서 나이에 얽매이지 않는 넓은 사고방식과 행동을 지향하며 나이보다 젊어 보인다는 애기를 듣고 싶어 하는 사람을 지칭하는 노무족NoMU族이라는 말도 등장했다. '더 이상 아저씨가 아니다(No More Uncle)'라는 뜻의 신조어인 노무족은 후배들에게 처지지 않기 위해 자기 관리에도 적극적이며, 다른 세대와 융합되고자 꾸준히 노력한다.

중년세대는 '노력'이라는 나름대로의 저력도 지니고 있다.

이들은 입시전쟁의 관문을 통과하면서 노력하는 인간만이 뜻을 이룰 수 있다는 진리를 체득한 세대이며, 컴퓨터든 신세대노래든 어떠한 것이라도 필요하면 열심히 배우겠다는 의지도가지고 있다. 포용력 또한 이들의 커다란 자산이다.

전통과 현대, 진보와 보수의 대립 속에서 중년세대는 어느한편에 서기보다는 양자를 결합하는 가능성에 주목한다. 이들이 기성세대와 젊은 세대 사이의 가교 역할을 잘 수행할 수있을 것이라는 기대도 이와 같은 맥락이다. 단결력과 새로운변화에 적응하기를 주저하지 않는 유연성도 이들의 장점이다.이러한 점들로 미루어 볼 때, 중년세대에 대한 평가는 이제부터 이들이 어떻게 하느냐에 달려 있는 것이다.

오늘의 중년세대가 타결해야 할 사회적 화두는 '급격한 변화 속에서 전통과 근대, 그리고 탈근대의 공존으로 인한 혼란'과 '이념 대립과 같은 사회적 간극의 확대로 인한 불안'이라하겠다. 이러한 소용돌이 속에서 수적으로 다수인 집단으로서중년세대가 어떻게 자리매김을 하느냐에 따라 이 세대에 대한평가가 달라질 것이다. 민주화가 정착되고 이념 갈등이 축소되면서 오히려 세대 간 갈등이 커지고 있는 현실에서 중년세대는 세대 간의 중심을 유지하고 잡아주는 조정자 역할을 해주어야 한다. 기성세대와 젊은 세대 사이의 간극을 채우는 역할을 맡는 것은 그들이어야 하기 때문이다.

주

1) 정혜신, "40대 중년 남성 관찰기", http://blog.naver.com/extrapioneer/80009485132, 2005.

2) 김준석, "2000년 한국의 40대(상)", 「동아일보」, 2000.10.4.

3) 홍덕기, "한국의 30대", 「한국일보」, 1997.1.1, 2.6.

4) 진성호 외, "한국의 주력 386세대", 「조선일보」, 1999.3.2, 3.23, 6.8, 8.3.

5) 진성호 외, 같은 자료.

6) 진성호 외, 같은 자료.

7) 송용회, "한국의 30대", 「한국일보」, 1997.4.24.

8) 진성호 외, 같은 자료.

9) 진성호 외, 같은 자료.

10) 이종오, 「40~50대 사회정치의식의 모호성과 복잡성」, 『역사비평』 1996 봄호, 1996.

11) 함인희, 「베이비붐세대의 문화와 세대 경험」, 『한국 사회의 재구조화』, 고려대학교, 2003.

12) 함인희, "40대: 암울한 현실 헤쳐가는 베이비붐세대", 「한국일보」, 2004.10.14.

13) 사회문화팀, 「세대별 라이프스타일 연구」, 『신한리뷰』, 1993 여름호, 1993.

14) 김경일, "40대의 꿈과 좌절, 그리고 내일", 『월간중앙』, 2004.5.

프랑스엔 〈크세주〉, 일본엔 〈이와나미 문고〉, 한국에는 〈살림지식총서〉가 있습니다.

📱 전자책 | 🔍 큰글자 | 🔊 오디오북

중년의 사회학

| 펴낸날 | 초판 1쇄 2006년 5월 31일 |
| | 초판 3쇄 2022년 3월 18일 |

지은이	정성호
펴낸이	심만수
펴낸곳	(주)살림출판사
출판등록	1989년 11월 1일 제9-210호

주소	경기도 파주시 광인사길 30
전화	031-955-1350 팩스 031-624-1356
홈페이지	http://www.sallimbooks.com
이메일	book@sallimbooks.com

| ISBN | 978-89-522-0518-6   04080 |
| | 978-89-522-0096-9   04080 (세트) |

※ 값은 뒤표지에 있습니다.
※ 잘못 만들어진 책은 구입하신 서점에서 바꾸어 드립니다.